数字经济发展研究

廉 明 著

吉林出版集团股份有限公司
全国百佳图书出版单位

图书在版编目（CIP）数据

数字经济发展研究 / 廉明著. -- 长春：吉林出版集团股份有限公司, 2023.10
ISBN 978-7-5731-4495-9

Ⅰ.①数… Ⅱ.①廉… Ⅲ.①信息经济-经济发展-研究 Ⅳ.①F49

中国国家版本馆 CIP 数据核字(2023)第 232910 号

数字经济发展研究
SHUZI JINGJI FAZHAN YANJIU

著　　者	廉　明
责任编辑	杨亚仙
装帧设计	万典文化

出　　版	吉林出版集团股份有限公司
发　　行	吉林出版集团社科图书有限公司
地　　址	吉林省长春市南关区福祉大路 5788 号　邮编：130118
印　　刷	唐山富达印务有限公司
电　　话	0431-81629711（总编办）
抖 音 号	吉林出版集团社科图书有限公司 37009026326

开　　本	710 mm×1000 mm　1 / 16
印　　张	10.5
字　　数	200 千字
版　　次	2023 年 10 月第 1 版
印　　次	2024 年 4 月第 1 次印刷

书　　号	ISBN 978-7-5731-4495-9
定　　价	68.00 元

如有印装质量问题，请与市场营销中心联系调换。0431-81629729

目　录

第一章　数字经济与发展 ··· 1
　　第一节　数字经济的含义与特点 ···························· 1
　　第二节　数字经济的发展背景 ······························ 5
　　第三节　数字经济与产业组织 ····························· 14
　　第四节　数字经济的发展概述 ····························· 20
　　第五节　发展数字经济的价值与优势 ······················· 37

第二章　数字经济发展的战略决策 ······························· 39
　　第一节　基础建设战略决策 ······························· 39
　　第二节　融合发展战略决策 ······························· 48
　　第三节　共享参与战略决策 ······························· 52

第三章　数字经济与安全 ······································· 60
　　第一节　数字经济安全的含义、走向、问题与应对 ··········· 60
　　第二节　数字经济安全与国家经济安全的关系 ··············· 78
　　第三节　数字经济的发展与安全 ··························· 83

第四章　数字化转型及安全管理 ································· 89
　　第一节　数字化转型概述 ································· 89
　　第二节　企业数字化转型 ································ 106
　　第三节　政府数字化转型 ································ 150
　　第四节　产业数字化转型 ································ 155

总结 ·· 160

参考文献 ·· 162

第一章　数字经济与发展

数字科技正在以波澜壮阔的迅猛态势席卷经济生态。数字时代将是农业时代、工业时代、信息时代之后的第四次浪潮。数字经济成为继农业经济、工业经济之后新的经济形态，正深刻改变着人类生产生活方式。历史证明，每一次工业革命都使经济与科技融合程度不断加深，助推经济培育新优势、发挥新作用、实现新跨越。本章主要围绕数字经济的基本内容展开，详细地叙述了数字经济的含义、特点、发展及价值等。

第一节　数字经济的含义与特点

一、数字经济的定义与内涵

（一）数字经济的定义

1997年，美国提出"新经济"的概念，其包含知识经济、创新经济、数字经济、网络经济；数字经济是新经济观测的一个角度，是信息经济的一部分。信息经济被分为三个层次：第一，信息经济是一种经济形态，它与农业经济、工业经济同级；第二，信息经济属于传统产业，包括第一产业、第二产业、第三产业；第三，从经济活动方面来说，信息经济是指信息生产和服务、信息通信技术的研发以及信息传输等经济活动。数字经济是信息经济第二和第三层次的子集，它是基于数字技术的内容产业、通信产业、软件产业以及信息设备制造业的产业集群，从生产端看，也包括这些产业的产品与服务。

信息技术对整个社会产生的影响随着科技发展的脚步逐步加深，而人们对信息技术融入经济与社会这一过程的定义,在不同的发展阶段产生了各种各样的概念。因此,概念混用的情况也时有发生。除了早期的"信息经济"和近年的"数字经济"外,还存在网络经济、知识经济等概念。这些概念因其产生于数字经济发展的不同阶段,分别反映出不同时期人们对信息技术引起的社会变革的不同角度的理解。虽然这些概念在定义和具体内涵上有细微的差别,但总的来说,它们都是在描述信息技术对人类社会经济活动产生的影响与革新。

1. 知识经济

第二次世界大战后,由于科技进步,全球知识生产、流通速度不断提高,分配范围不断扩大,社会经济面貌焕然一新。在此背景下,相当多的学者开始关注知识与经济社会之间的联系,知识经济的概念逐渐形成。1996年经济合作与发展组织在年度报告《以知识为基础的经济》中认为,知识经济是以知识为基础的经济,直接依赖于知识和信息的生产、传播与应用。从生产要素的角度看,知识要素对经济增长的贡献高于土地、劳动力、资本等,因而"知识经济"是一种以知识为基础要素和增长驱动器的经济模式。

2. 信息经济

"信息经济"的概念可以追溯到20世纪六七十年代美国经济学家马克卢普和波拉特对于知识产生的相关研究。马克卢普1962年在《美国知识的生产和分配》中建立了一套关于信息产业的核算体系,奠定了研究"信息经济"概念的基础。1977年,波拉特在其博士论文中提出的按照农业、工业、服务业、信息业分类的四次产业划分方法,得到广泛认可。20世纪80年代,美国经济学家保尔·霍肯在《未来的经济》中明确提出信息经济概念,并描述信息经济是一种以新技术、新知识和新技能贯穿于整个社会活动的新型经济形式,其根本特征是经济运行过程中,信息成分大于物质成分占主导地位以及信息要素对经济的贡献。

3. 网络经济

"网络经济"概念的提出同20世纪90年代全球范围内因特网的兴起有着密切的联系。因此,网络经济又被称为因特网经济,是指基于因特网进行资源的生产、分配、交换和消费为主的新形式经济活动。在网络经济的形成与发展过程中,互联网的广泛应用以及电子商务的蓬勃兴起发挥了举足轻重的作用。

与知识经济、信息经济和数字经济相比,网络经济这一术语的区别在于它突出了因特网,并将基于国际互联网进行的电子商务看作网络经济的核心内容。

4. 数字经济

综上所述,知识经济强调知识作为要素在经济发展中的作用;信息经济强调信息技术相关产业对经济增长的影响;网络经济强调以因特网为主的经济资源的分配、生产、交换和消费等经济活动;数字经济则突出表现在整个经济领域的数字化。因此,知识经济、信息经济、网络经济这些概念在同一个时代提出并不是相互矛盾或重复的,而是从不同方面描述当前正处于变化中的世界。知识的不断积累是当今世界变化的基础,信息经济、网络经济的蓬勃发展是当代社会发生根本变化的催化剂,数字经济是发展的必然结果和表现形式。因而这几个概念相辅相成,一脉相传。

(二)数字经济的内涵演进

1. 初级阶段

在数字化早期,各国对数字经济的定义着重于宏观经济下的信息技术产业和电子商务。美国统计局建议将数字经济的内涵分为四大部分,即(电子化企业的)基础建设、电子化企业、电子商务以及计算机网络。但近年来随着数字化的不断推进,美国对于数字经济内涵的界定延伸到了三个方面:虚拟货币,如比特币;数字商品和服务的提供,包括数字广告、在线产品如音乐等;互联网对商业交易的提升,包括顾客匹配、分享经济等。

英国政府在2010年颁布的《数字经济法2010》中,将音乐、游戏、电视广播、移动通信、电子出版物等列入数字经济的范畴,主要聚焦于保护文化产业的数字版权。而在《数字经济法2017》中,英国政府深化了数字服务方面的管理,包括注重推动数字服务的发展、规范数字文化产业中的犯罪行为、强调知识产权以及构建数字化政府。由此可见,数字经济的定义与重点逐渐转移至应用与服务方面。

2. 发展阶段

科技以及不断加深的数字化融合程度使得数字经济的内涵和范畴都在持续更新和泛化,互联网、云计算、大数据、物联网、金融科技与其他新的数字技术应用于信息的采集、存储、分析和共享过程中,改变了社会互动方式。数字化、网络化、智能化的信息通信技术使现代经济活动更加灵活、敏捷、智慧。关于数字经济，目前最具代表性的定义来自2016年G20杭州峰会发布的《二十国集团数字经济发展合作倡议》。该倡议将数字经济定义为：以使用数字化的知识和信息作为关键生产要素、以现代信息网络作为重要载体、以信息通信技术的有效使用作为效率提升和经济结构优化的重要推动力的一系列经济活动。

二、数字经济的特点

（一）互联互通范围广泛

随着互联网、移动互联网以及物联网的快速发展并不断渗透到社会各个领域，越来越多的不同资源（人、财、物及其他无形资源）等被纳入信息网络之中。物资流、资金流、信息流、商流、人流等在社会经济运行的各个领域层面形成网状结构，相互之间互联互通的依存度增强，传统单向、封闭的经济状态和社会结构向跨界、融合、开放、共享的互联互通状态发展，推动着智能制造、智慧服务、智慧生活、智慧城市、智慧社区等智能化生产生活方式加速到来。特别是随着5G、人工智能（AI）、区块链等技术和设施的进一步发展和普及，社会经济运行的互联互通局面和运行水平将有进一步的提升，真正实现"万物互联"指日可待。

（二）人工智能的普及和应用广泛而普遍

人工智能对当今社会以及未来的影响，不亚于20世纪70年代的计算机、20世纪90年代的互联网。人工智能正引发链式突破，推动生产和消费从工业化向自动化、智能化、智慧化转变，生产效率再次实现质的飞跃，推动工业经济社会重新洗牌。网络、信息、数据、知识开始成为经济发展的主要要素，深刻改变了传统经济结构中的生产要素结构。与传统经济相比，知识、数据等价值创造持续增加，经济形态呈现新的智能、知识型特征。当前，零售、金融、交通、工业、医疗、无人驾驶等成为人工智能主要应用领域。例如，在金融领域，人工智能已应用于财务机器人、智能客服、安防监控，等等。交通领域，人工智能正成为优化交通和改善出行的重要技术。医疗领域，人工智能已应用于网络智能接诊、病例筛查、检验诊断、智能医疗设备、智慧养老，等等。工业制造领域，智能机器人、智能制造、装配和仓储系统的应用日趋广泛，如德国提出的"工业4.0"战略，要求全面布局人工智能。

(三)数据作为新的生产要素,是基础性资源和战略性资源,也是重要的生产力

从经济的全球化特征来看,经历以网际贸易驱动为特征的"1.0版本",再到以国际金融驱动为特征的"2.0版本",全球化正步入以数据要素为主要驱动力的"3.0版本",数据作为新生产要素的重要作用日益凸显,数据的开放、共享和应用能够优化传统要素配置效率和效果,提高资源、资本、人才等全要素的配置和利用水平。另外,随着国际社会逐渐把数字经济作为开辟经济增长的新源泉,人类财富的形态随之发生了改变。虚拟货币(如比特币、数字货币等)、虚拟物品登上历史舞台,虚拟财富与货币兑换的路径被打通,财富数量开始与占据或支配信息、知识和智力的数量和能力相关联。全球数字经济正在以超预期的增长速度加快发展,呈现出不断扩张的态势。

第二节 数字经济的发展背景

一、数字经济的发端

这一阶段主要是1946—1960年,是以信息网络为主的数字化阶段。世界上第一台通用电子计算机于1946年在美国宾夕法尼亚大学诞生,从此,人类开始步入信息时代,标志着数字化的起步。这一时期主要的商业模式是芯片等硬件的生产和制造、操作系统及其他软件的开发,代表公司为微软、英特尔、IBM等。在数字经济起步阶段,语言、文字、音视频等诸多信息内容都被转化为电子计算机能够识别、存储、加工及传输的二进制代码。随后,从少量科研人员专用的电子技术逐步衍生出全球32亿人使用的计算技术、通信技术、网络技术,从个人计算机发展到超级计算机、网络计算机、量子计算机,从科学计算应用逐步延伸至企业管理、生活娱乐、消费购物等方方面面。此时,人类生产、生活等经济行为的相关信息内容绝大部分都可被数字化记录,但仍然有部分信息内容不能以数字化的方式被收集、存储、加工与分析,游离在数字经济体系之外。

二、信息经济概念的提出与扩展

随着20世纪40年代第二代晶体管电子计算机和集成电路的发明,微电子

领域取得了重大技术突破,随着相关技术的推广、普及与大量运用,人类对知识和信息的加工、运用与处理能力也得到大幅提升,数字技术对人们经济行为与社会生活方式的影响也逐步显现出来,与数字经济相关的研究成果不断涌现,数字经济也日益成为美国经济发展的新动力。

在20世纪五六十年代的数字技术创新的大背景下,向市场提供信息产品或服务的企业成为重要的经济部门,1962年马克卢普提出"信息经济"的概念。到了20世纪七八十年代,随着大规模集成电路和微型处理器的发明及相关技术向其他部门的加速扩散与广泛渗透,信息经济的内涵与外延也得以不断丰富和扩展。1977年,马克·波拉特认为信息经济除了包括马克卢普所说的信息产业"第一信息部门"外,还应包括融合信息产品、服务与技术的其他产业"第二信息部门",数字技术向其他各领域的渗透、融合、改造与创新,对整个经济社会产生的影响日益加深。

三、数字经济概念的提出到运用

随着互联网等数字技术在20世纪90年代的日趋成熟与广泛介入,传统部门信息化、数字化步伐加快的同时,新业态、新模式不断涌现,如电子商务成为最典型的应用,富含信息与知识的数据成为新的生产要素。在数字经济快速发展与广泛应用的背景下,20世纪90年代尼葛洛庞帝在《数字化生存》一书中提出数字化概念,1995年数字经济概念在泰普斯科特《数字经济:网络智能时代的希望和危险》一书中被正式提出,1998年、1999年、2000年名为《浮现中的数字经济》(Ⅰ,Ⅱ)和《数字经济》的研究报告在美国商务部先后出版,随着数字经济概念的提出、传播及被广泛接受,数字技术经济范式也向更广泛、更深入、更高级方向发展,无疑这也将会对整个经济社会面貌产生更为深刻的影响。从相关理论分析和统计实践看,20世纪90年代美国经济出现的118个月连续增长且呈高经济增长率、低失业率与低通货膨胀率的"一高两低"的良好发展势头,大部分是在美国信息战略——信息高速公路计划指引下,以IT为核心的数字经济驱动的新经济发展带来的红利。进入21世纪,随着移动互联、物联网等数字技术的快速发展,全球范围的万物互联生成的海量数据,已使之前分散的终端处理能力所不能及,数字经济特征也发生了新的变化,貌似波拉特提出的"第一与第二信息部门"的概念已难以描绘数字经济发展模式的新变化。

四、数字经济1.0—2.0

(一)数字经济1.0

这一阶段主要指2000—2015年,数据驱动的数据化阶段。进入21世纪,随着大数据、云计算、物联网、人工智能、3D打印等数字技术的不断迭代创新,那些富含知识与信息的数据资源成为经济社会发展的关键核心资源,标志着整个经济社会进入数据驱动的1.0时代。随着数字化概念与数字技术的广泛传播,主要国际组织与各国政府希望以数字经济为抓手促进产业创新、拉动经济增长,也开始将政策重心转向数字经济,纷纷加大对数字经济的研究。

2000年,美国商务部发布的《新兴的数字经济》等报告,提出数字经济是20世纪90年代中后期美国经济繁荣增长的重要因素,并第一次从政府官方角度提出数字经济时代已经来临,开始通过设计数字经济的相关测量指标,大量收集相关数据,将数字经济纳入官方统计范畴。从此,数字经济概念与数字技术开始被广泛使用,发展数字经济的理念日趋流行与成熟,世界各主要国家政府也纷纷把发展数字经济提上议事日程,以求通过发展数字经济来促进经济的增长与社会的转型。其实在美国数字经济发展的带动与影响下,国际组织、国际研究机构与世界各国也纷纷出台和数字经济相关的更详细的战略与政策框架,就如同美国1994年推出的"信息高速公路计划"影响世界各国的信息化战略制定与信息化进程一样,其发布的数字经济报告,对发展数字经济的相关论述和政策实践也在深刻地影响着各国数字经济战略的制定与数字经济的发展进程。例如,世界经济论坛近年来连续发布多份《全球信息技术报告》,并在2002年首次发布的《全球信息技术报告》中就提到数字经济,后面多年的研究报告基本都是对数字经济发展的阐述。经济合作与发展组织连续多年发布和数字经济相关的研究报告与工作论文,并在多项研究的标题中直接使用数字经济一词。特别是在2008年国际金融危机后,为推动全球经济缓慢复苏,世界贸易组织、联合国贸易和发展会议、亚太经合组织、国际货币基金组织等国际组织与世界各国纷纷开始制定数字经济发展战略,期望通过发展数字经济为全球经济增长寻求动力支撑。其中,欧盟最先于2010年公布了数字经济议程,美国2015年公布数字经济议程,英国、德国、法国、俄罗斯、日本、韩国、新加坡等国均发布了数字化战略,其余一些国家也在纷纷考虑出台和数字经济相关的战略与政策框架,以通过发展数字经济,推动传统经济的数字化转型,为经济增长提供新的动力。

我国也十分重视信息技术、数字技术对传统经济的促进作用,只不过我国在名称上较多采用信息化和两化融合等提法。近年来,在国外数字经济以及工业4.0等战略的影响下,我国出台了《中国制造2025》与"互联网+"两大战略,以通过发展互联网等数字技术和高技术战略性新兴产业等推动我国经济结构的转型升级与高质量发展。

(二)数字经济2.0

这一阶段主要指2015年至今,是以人工智能为核心的智能化阶段。2016年,全球市值最高的五家公司首次全部花落数字平台公司:苹果、谷歌、Facebook、微软和亚马逊,远超传统工业巨头,在数字技术、数字标准与数据商业化快速发展背景下,数字技术对农业、制造业、服务业等传统行业的数字化改造进程也在不断加速,随着智慧农业、智能制造、智慧物流、互联网金融等领域的快速发展,全球数字经济发展进入2.0阶段。

2015年,"互联网+"首次进入《政府工作报告》,提出通过促进互联网融合创新作用的发挥,培育经济增长新动能,开启了我国数字经济发展新篇章,之后"数字经济"这一提法进入政府工作报告,并被各类官方文件与重大会议所采用,数字经济发展的战略及相关政策的制定也提上了我国各部委及各级政府的议事日程。从2015年到2017年"互联网+"、分享经济、数字经济分别首次进入《政府工作报告》,2018年政府工作报告又多次提到数字经济,指出我国要通过发展"互联网+"、智能制造等加快经济转型升级步伐,可见,我国已开始更多地从经济层面关注与研究数字经济问题,也希望通过培育数字技术新动能来大力发展数字经济。

2015年以来,随着谷歌、百度、阿里巴巴、苹果等代表性公司在语音与图像识别、自动驾驶、数字医疗等人工智能诸多领域已有重大突破,我国的人工智能研究也在多个领域实现率先突破,我国数字经济也进入以智能化为核心的数字经济2.0阶段。

21世纪初期,从中国经济进入经济增速放缓、增长动力接续转换、经济结构不断转型升级的新常态,到2014年中国推进供给侧结构性改革,加大"三去一

第一章　数字经济与发展

降一补"的力度,虽然经济增速与以前相比有一定程度的放缓,但是中国经济整体上出现了明显的高就业率、中速增长、低通胀的"高中低"特征,在整个过程中数字技术的新成果、数字技术的发展为之提供的强劲支撑以及数字技术与传统产业的融合、渗透、改造与创新等外溢效应功不可没。根据阿里研究院相关资料,2015年阿里巴巴平台提供将近4000万个就业机会,2015年的网络零售已占中国社会零售总额的12.9%,网络零售增长25%以上,2016年天猫"双11"销售额实现1207亿元、交易峰值达17.5万笔/秒、支付峰值达到12万笔/秒;2017年,参与天猫"双11"活动的有全球超14万品牌投入的1500万种商品、线上线下打通的海内外超100万商家、智慧门店将近10万、赋能新零售的零售小店超50万家,最终把交易额定格在1682亿元,无线成交占比高达90%,这离不开物联网、大数据、云计算、人工智能等数字技术提供的动力支撑。

五、数字经济发展中的挑战

近十年来我国数字经济发展势头迅猛,根据中国信息通信研究院测算,数字经济增加值已由2011年的9.5万亿元增加到2019年的35.8万亿元,占GDP比重提升了超过15个百分点。2020年,在线办公、视频会议、网上授课等无接触经济蓬勃发展,有效对冲了经济下行风险,加速了企业的数字化战略布局。一项针对全球2569家企业的调研发现,本次疫情将全球的数字化进程至少提前了5~7年。伴随着技术进步和商业模式的创新,数字经济推动劳动生产效率提升,可以一定程度上抵消劳动年龄人口下滑的影响。同时,随着远程沟通成本的下降,部分服务无须面对面接触也可以实现,服务业可贸易程度提高,进而促进服务跨区或跨境发展,这对未来的经济发展模式和经济结构具有重要含义。

(一)数字经济带来的垄断

数据是数字经济时代的核心生产要素,数据的采集、加工与使用具有明显的规模经济与网络经济性,低甚至零边际成本意味着创新创业的门槛较低,但先发企业能够凭借自我增强的大数据优势来实现与固化垄断地位。

现实中哪些数字经济企业是"好"的垄断,哪些是"不好"的垄断,并没有那么分明,它们很可能在开始阶段是"好"的垄断,与创新紧密联系,但发展到一定规模后,往往会利用知识产权、网络效应等构建竞争壁垒,寻求垄断租金,这就有可能阻碍竞争。

因此,判断数字经济是否出现"垄断",还需要用动态的眼光看待。按照熊彼特的创新理论,垄断和创新有天然的联系,没有垄断的超额收益,就不会有那么大的创新动力。科技公司创新失败的可能性很大,因此需要风险溢价的补偿来吸引创新。超额收益既来自垄断租金,也来自整体市场要求的风险补偿。

从历史经验来看,巨型科技公司的垄断似乎符合上述动态的特征。比如20世纪90年代,雅虎搜索引擎一家独大,几乎占领了所有的搜索市场,但在谷歌推出搜索引擎后,雅虎的搜索业务很快就被性能更优异的谷歌搜索所替代。如果监管层一开始就强力监管雅虎的搜索业务,限制其盈利,可能谷歌也没有动力推出更好的搜索引擎。类似例子在中国也不鲜见,电商平台京东与阿里尽管构建了很高的行业壁垒,但无法阻止拼多多的快速崛起,同样爱奇艺、优酷也没有办法阻止抖音成为世界级的流行应用。

(二)贫富分化新问题

从两百年前的李嘉图到一百年前的凯恩斯,经济学家一直都担心机器替代人。经济学里有个专有名词叫"技术性失业"(Technological Unemployment),即技术进步所导致的失业。这种担心贯穿于历史,一直存在争议。当下我们如何来看待这个问题呢?这次新冠疫情下数字经济的快速发展带给我们一个重要启示是,机器可以赋能人,也可以替代人。机器对人的赋能,体现在很多领域。比如餐饮外卖行业,数字技术、智能手机、GPS定位等技术支持,有效提高了外卖员的配送效率;远程教育、远程办公、远程医疗等无接触经济,并没有替代老师、白领工人和医生,而是对他们进行了赋能。数字技术使得我们在社交隔离的情况下维持一定的经济活动,它和人是互补的。当然机器也可以替代人,比如无人物流、无人驾驶等。

数字经济在中美两国替代人和赋能人的程度并不一样,这跟中美的禀赋差异相关。美国数字经济的发展,更多的是机器替代人,通过资本深化替代就业。中国数字经济的发展,更多的是机器和劳动力互补,对劳动力是友好的。美国的劳动力替代型数字经济体现为常规性、简单重复的工作,比如制造业流水线作业,甚至有些复杂性工作也能够被机器替代。中国的劳动力互补型数字经济则体现在一些非常规的服务上,比如说外卖、送货员、专车司机、视频主播等。

不过,虽然现阶段数字经济在中国的发展有劳动友好型的一面,但中国也难以避免数字经济加大收入分配差距的共性的一面。

美国有学术研究显示,过去40年劳动者之间收入差距的扩大,主要反映在(同一行业内)受雇企业之间的差别,而不是职业之间的差别。这背后一个重要的相关问题是数据产权没有明确界定,相关企业对大数据资源免费地、排他性地占有,实际上是独占了关键资源的垄断租金。如何界定大数据产权归属?对于这种垄断租金,应该采取管制方式还是征税方式?如果征税,如何确定税基、税率?数字经济越壮大,这些问题越不容忽视。

与此同时,数字经济也丰富了应对贫富分化的政策工具:数字移民和数字货币。解决区域发展不平衡的传统办法通常是劳动力转移,或者产业转移。数字经济创造了一个新思路,即"数字转移"。例如,大企业将客服中心布局在欠发达地区,劳动力无须转移就可以享受发达地区的辐射带动,可以看作是"数字移民";数字新基建催生了网络直播、云旅游等方式,将欠发达地区的风土人情、青山绿水等特色资源"运输"到发达地区,"产业数字化转移"增加了当地百姓的收入。数字货币方面,中国人民银行数字货币重点在于发展电子支付手段,但从长远看,数字货币的发展可能对现有金融体系产生颠覆性影响,促进普惠金融、降低金融的顺周期性,帮助结构性导向的财政政策更有效发挥作用,更好地平衡效率与公平的关系。

(三)数字鸿沟

数字鸿沟是指信息技术发展的过程中,由于数字化进程不一致导致的国与国、地区与地区、产业与产业、社会阶层与社会阶层之间在基础设施、居民数字素养以及数字信息内容公开程度上的差异。近年来,尽管中国宽带普及率在不断提高,网民数量也在逐年增长,但城乡之间以及东西部之间的数字鸿沟仍在加剧。伴随着ICT基础设施的滞后,中部和西部居民的数字素养与发达地区相比也存在显著差异。"数字素养"是指获取、理解与整合数字信息的能力,具体包括网络搜索、超文本阅读、数字信息批判与整合能力,可以简单地总结为从数字信息中获取价值的能力。在数字时代,数字素养已经成为各行各业对劳动力的一项基本素质需求,加强数字化教育、提升国民数字素养是中国成为数字强国的重要环节。

此外,数字信息内容公开程度也是造成数字鸿沟的一大原因。数据及信息开放程度的落后将直接造成民众和企业在获取及应用信息上的困难,进一步拖缓数字进程,影响数字经济的发展。

(四)数据质量

在数据成为核心资源的今天,数据质量直接关系着社会各方对资源的利用效率。ISO9000质量管理体系将数据质量定义为"数据的一组固有属性满足数据消费者要求的程度"。数据的固有属性包括真实性、及时性、相关性,即数据能否真实反映客观世界、数据是否更新及时以及数据是否是消费者关注和需要的。同时,高质量的数据还需要是完整无遗漏、无非法访问风险以及能够被理解和解释的。影响数据质量的原因有很多,比如数据的多源性。当一个数据有多个来源时,很难保证值的一致性以及更新的同步性。另一个影响数据质量的原因是复杂数据的表示方式不统一,标准不明确。随着大数据的发展,每天都会产生大量多维度异构数据,如何对复杂数据进行统一编码,方便数据之间的兼容与融合,还有待进一步发展。

(五)数字治理面临的挑战

数字经济快速发展,给国内和国际的数字治理也带来了新挑战。国内层面,面临个人数据采集和隐私保护的问题。当人们安装手机应用时,应用客户端通常会弹出一个征求"同意"的条款声明,这些条款往往字体细小,却都包含着数据使用的授权协议,而用户除了点击"同意"别无他法。当人们使用手机时,个人数据就会被源源不断地上传到相关应用的服务器上。虽然很多人意识到私人数据被采集,但对于哪些数据被采集以及这些数据被如何使用却一无所知。数据采集和使用的"黑箱",让民众在防范隐私泄露方面极为被动。

数字经济时代,公权力介入数据监管以及隐私保护已是大势所趋。事实上,备受关注的《个人信息保护法》已于2020年10月由全国人大法工委公布草案并向全社会公开征求意见。随着数字经济的发展,隐私保护将会持续成为公共治理的一个重要议题。从公平角度看,立法保护隐私数据是必要的;从效率角度看,隐私保护的关键可能在于度,甚至需要设计状态依存的保护制度。此外,在国际层面,未来可能在服务贸易、国际征税以及数据主权和安全等领域出现新的国际冲突风险。服务贸易冲突容易理解,就像制造业贸易量扩大后会产生国际摩擦,服务贸易量扩大也可能带来纠纷,中国需要积极参与并适应数字经济时代的国际贸易规则的变革。

税收方面,针对数字经济绕开现行征税准则的逃、避税问题,国际上讨论比较多的替代性方案是基于用户征税,这需要进行国际协调以确定各国所属的应税税基。在世界大变局背景下,国际协调难度正在变大。更大的国际冲突风险可能来自国家安全或者说数据主权问题。美国和印度近期对中国平台企业的不友好做法,固然存在政治层面的原因,但也反映了一个问题:大数据归属是否涉及主权甚至是国家安全问题?中国在《中国禁止出口限制出口技术目录》新增"基于数据分析的个性化信息推送服务技术",似乎也印证了大数据及相关技术对于国家安全的重要性。

(六)法律法规

目前,相关法律法规滞后是数字经济发展面临的一大挑战。比如,伴随数字经济的发展,全球大量定时定点的工作岗位会逐渐消失,新涌现出大批兼职职业者、自我雇佣者等灵活就业岗位,而现有的劳动合同法、社会保险法、社会保险费征缴暂行条例等法律法规不能给灵活就业者提供有效的社会保障。

数字知识产权的保护也需要引起重视。英国《数字经济2010》就着重强调了对数字产品,如音乐、媒体、游戏等内容的著作权进行规范与保护。此外,数据产权问题也日益凸显,数据由谁保管、如何处理与应用以及如何进行交易,所有者、拥有者、使用者和管理者之间的责、权、利的划分,也缺少相关法律的明确规定。

此外,一些管理制度的落后与数字经济去中心化跨区域、跨行业、灵活多变的特质相冲突,制约了数字经济的发展。阿里巴巴集团副总裁、阿里研究院院长高红冰在2017中国"信息经济+金融科技发展大会"上提出,美国是数字经济强国,中国是数字经济应用大国。

他表示:"未来五年,全球数字经济发展将呈现三个层次:第一,硅谷仍将引领核心技术创新,以色列会在个别领域紧跟美国;第二,中国、印度会是技术创新大规模应用的市场;第三,新技术和商业模式的应用需要硬件设备的支持,日、韩、中国台湾和华南地区将起到重要作用。"他呼吁,"对于互联网这种新事物,应该更多地包容,而不是限制或者强化监管。面向未来、面向全球,中国要成为领头羊,需要更加开放,多方协作,共创互联网更好的明天"。

第三节　数字经济与产业组织

我国的数字经济在以 BATJ 为代表的数据智能化和网络协同化的推动下，传统的线下交易正在全面转向线上交易。撇开线上交易的支付形式、交易成本、收益变动、交易总额变动以及由此引致的规模经济、范围经济和网络外部性等问题，仅就线上交易这种代表数字经济的运营方式对竞争和垄断的形成路径的作用来讲，就有许多值得我们探索的内容。

（一）数字经济运行表明数据智能化和网络协同化已成为厂商竞争的主要路径

厂商之间争夺市场或期望利润最大化的竞争，说到底，就是利用一切合法手段争取客户，使日益增长的产品或服务的供给吻合市场需求，使边际收益大于边际成本。工业化文明已经使科技手段和先进管理方法成为厂商竞争的主要路径，但由于这样的竞争路径是建立在信息不完全、信息不对称基础上，那些掌握优势信息及先进科技和管理方法的厂商，会在市场竞争中逐步获得市场势力，他们通过规模经济、范围经济在价格和产量等方面形成以控制定价权和进入壁垒为特征的垄断。一个多世纪以来社会经济运行和发展的事实表明，建立在产品同质性假设上的新古典经济学完全竞争模型有着脱离实际的偏颇，即该模型有关"技术进步会使垄断消失从而引起均衡价格上升，人为定价会得到抑制从而产业组织会回归完全竞争状态"的论断不切实际。这便引发了一个需要研究的问题，即当数字经济有可能消除信息不完全和信息不对称时，厂商竞争路径的改变会不会部分肯定完全竞争模型。

数字经济运行之于厂商竞争路径的基本规定，是厂商通过对影响投资经营的市场数据的挖掘、搜集、整合、分类、加工和处理来确定产量，通过厂商之间以及厂商与消费者之间交易互动的在线平台来确定价格，这种数据智能化和网络协同化的竞争方式，会在很大程度和范围内解释剑桥学派强调的产品异质性对厂商竞争带来的影响。当然，这并非意味着数字经济中的厂商竞争路径完全不受产品异质性影响，而是说明数字经济正在克服工业化时代科技发展水平不能加工和处理具有极大量、多维度和完备性的大数据，说明产品异质性制约厂商以数据智能化作为主要竞争路径的情景正在逐步减弱。事实上,随着厂商数据智能化和网络协同化能力的增强,哈佛学派和芝加哥学派有关竞争和垄断的"结构、行为、绩效"模型对厂商竞争路径纷繁的担忧,也会随互联网扩张和数字经济展开而冰释。这是因为,较之于工业化时代的厂商竞争路径,数字经济有可能实现"结构、行为、绩效"在厂商竞争中的数据化,互联网在线交易能解除契约谈判、执行和调整等过程中的时空分离,以至于能够通过解决信息不完全和不对称来消除逆向选择、机会主义和道德风险等的竞争流弊。

如果我们把互联网在线交易平台看成是厂商竞争的载体,把运用大数据进行投资经营理解为厂商竞争路径的主要手段,那么,随着局限于少数厂商的数字经济转化为全社会的数字经济运行,起始于马歇尔以及后期逐渐完善的新古典经济学的完全竞争模型,经过适当的修正后便可以在现实中找到依据。不过,对数字经济运行作出一般描述的完全竞争模型,不应像新古典完全竞争模型那样是对厂商竞争的一种理论抽象,而是要把所有影响厂商竞争的变量都作为内生变量来处理,并且应反映为对产业组织变动的一种机理性描述和揭示。关于这种机理的进一步揭示,还需要联系网络协同化来分析。

(二)网络协同化具有扩大产品和服务需求端的网络效应,该效应大小是对厂商数据智能化水平高低的验证

按照未来学家"人类在未来有可能把一切都作为'算法'来处理"的观点,社会经济进入数字经济运行时代的标志,可以理解为"算法"已贯穿厂商数据智能化和网络协同化的始终。从厂商的产供销活动看,数据智能化偏重于产品的生产和供应(供给端),网络协同化则主要反映在产品的销售上(需求端),如果厂商数据智能化水平尚可而网络协同化水平不足,则意味着厂商在生产和供应方面具有搜集、加工和处理大数据的能力,可利用云平台、云计算、机器学习、人工智能等技术相对准确地规划生产和供应,从而扩大产品(服务)的供给端;但由于受网络协同化水平的制约,厂商难以通过互联网交易平台扩大产品(服务)的需求端。严格来讲,这样的厂商是一只脚踏在数字经济内,另一只脚却似乎不在数字经济内,它并不具有很强的竞争能力,厂商要具有很强的市场竞争力,一定实现了数据智能化和网络协同化的高度融合。

网络协同化是互联网上的多对多互动,Web1.0门户网站解决了投资和消

费一对多的网上在线,Web2.0移动互联网实现了投资和消费以"关注和点击"为主要内容的多对多互动,Web3.0完成了投资和消费的社交网络服务互动(腾讯微信和美国 Facebook)。互联网应用扩张给数据智能化厂商提供了让信奉"摩尔定律"者大跌眼镜的海量数据,这些数据包含市场出清意义上的产品、服务的供给量和需求量。在这里,数字经济运行引致产业组织变动的机理是:互联网应用扩张使投资和消费活动的互动、沟通、体验等处于网上在线,厂商以数据智能化和网络协同化作为竞争路径,是整个社会出现数字经济运行状态的前提。基于此,我们关于厂商之间的竞争就可以用不同于新古典经济学版本的完全竞争模型来解读,但随着科技的飞速发展,少数厂商能够在数据智能化基础上实现网络协同化,并可以取得网络协同效应,因而,产业组织运行中一定会出现垄断。我们如何理解未全面进入数字经济运行状态的产业组织变动呢?如何在区分剑桥学派不完全竞争模型和哈佛学派、芝加哥学派垄断竞争模型的基础上,构建出涉及垄断的竞争模型呢?这是经济学家需要解决的理论问题。

(三)网络协同效应之于产业组织变动,表现为厂商一旦具有极强的网络协同效应,便有可能在产品和服务上构筑进入壁垒和形成市场势力

如上所述,网络协同效应展现为网络协同化的绩效,可以将之理解为是数据智能化和网络协同化的函数。依据网络协同效应与产业组织变动的关联来进行逻辑推论,在只有少数科技层级高的厂商能实现网络协同效应而绝大部分厂商不具备这种能力的情况下,或者说,整个社会的大数据、互联网和人工智能等的融合还只是局限于较小范围的情况下,少数科技层级高的厂商可以利用数据智能化扩大产品和服务供给端,可以利用网络协同化来处理厂商之间以及厂商与消费者之间互动所提供的海量数据,并通过对产品和服务的有效需求量的准确预测来扩大需求端。厂商要准确扩大产品和服务的供给端和需求端,不仅需要对历史数据有挖掘、加工和处理的能力,也需要对现期数据(甚至需要对未来数据)具有这样的能力。厂商科技层级高,便可以用科技手段来匹配这些大数据。联系经济学基础理论考察,厂商要运用新科技手段对客户选择偏好和期望效用进行大数据分析(阿里巴巴"新零售战略"便是如此),并通过互联网交易平台上展开网络协同化,才有可能获取网络协同效应。

在大数据、互联网和人工智能等全面融合的未来,厂商投资经营具备垄断

特征，一定是融合了数据智能化和网络协同化。就网络协同效应的形成而论，网络协同效应之于产业组织变动的机理构成，是网络协同效应会形成进入壁垒以至于产生行业垄断。这个问题的症结在于以下两点：(1)网络协同化实际上是对数字经济中厂商之间以及厂商与消费者之间交易互动的一种理论描述，就其运营环境而言，可划分为简单运营场景和复杂运营场景；(2)对于具备数据智能化条件的厂商来说，实现网络协同效应从而形成行业垄断，厂商仅仅具备了应对简单运营场景的能力是不够的，必须能够应对数字经济中的复杂运营场景。关于这个问题，我们仍有必要借用移动出行智能化平台来说明。厂商通过移动互联网和运用GPS定位系统把闲置车辆和需要用车的人置于同一数字平台，固然是实现了网络协同化，但由于这些厂商的运营场景比较简单，网络协同化的函数值（网络协同效应）很低，它不能阻止其他厂商进入，不能形成进入壁垒，无法形成行业垄断。

与此不同，厂商运营场景复杂，并且在投资经营的运营流程上呈现出多维度的协同网络情形，如美国的谷歌、亚马逊、Facebook以及中国的阿里巴巴、腾讯。它们在智能化数据平台的设置上考虑到了买卖交易的在线客服、存货管理、物流安排乃至于提高点击率、关注度，并且在在线支付上设置了担保交易、消费保证和信用评级等。不言而喻，这种复杂运营场景的设置是以很高的数据智能化水平为前提的。基于网络协同效应的产生必须以数据智能化和网络协同化的高度关联为前提，如果厂商不具备这样的前提条件，就不可能实现网络协同效应，不可能提升市场势力，不可能形成进入壁垒和行业垄断。中国刚刚迈进数字经济时代，大部分厂商提升市场势力的途径和方法，仍然是利用资本、技术、规模优势和价格控制等，即便这些厂商采取了"互联网+模式"，但由于他们不具有获取网络协同效应的生态潜力，因而他们难以在投资经营中构筑进入壁垒和形成行业垄断。

之所以将网络协同效应引致进入壁垒和行业垄断看成是产业组织变动的一种机理，主要是基于以下几点认知：(1)厂商能否取得网络协同效应，是衡量厂商数据智能化和网络协同化水准高低的标准，它是数字经济背景下推动产业组织变动的必要条件；(2)网络协同效应反映多边市场和潜在生命力生态，它是厂商数据智能化和网络协同化之能力的综合反映，产业组织变动始终伴随着这种综合能力的变化;(3)厂商从具备数据智能化能力到实施网络协同化,再到能够获取网络协同效应,对于产业组织变化是革命性的。以上三点认知会落实到一个分析基点上,那就是如果客户要转移购买已形成网络协同效应(厂商)的产品和服务,通常要支付较高成本,这一成本支付会维系厂商的网络协同效应,会使数字经济中的垄断形成以网络协同效应为路径,从而导致产业组织架构的演变。

(四)数字经济驱动厂商数据智能化和网络协同化的过程,是厂商投资经营模式从垂直整合架构转向网络协同架构的过程

长期以来,经济学家从工业化时代的市场、厂商和价格的实际出发,根据制度、主体和行为等的交互作用,把产业组织架构解说为厂商之间产品供求、价格波动和地理位置等因素形成的互动产业群。他们围绕这个产业群规定的产业链,以厂商上下游的产供销路径作为分析线索,研究了不同产品和服务及其数量比率为纽带的市场结构,将这种市场配置资源结构解说成产业组织的垂直整合架构。经济学家对这一垂直整合架构的理论分析,遵从各自学术流派传统的渊源,或者说,经济学家的分析始终印有各自学术流派的思想烙印;他们对这一垂直整合架构之理论描述的差异,主要反映在对影响产业组织变动之主要变量的不同侧重点上。与经济学其他研究的分支一样,经济学家关于产业组织垂直整合架构的分析,有着受信息和认知约束的抽象性。随着大数据、互联网和人工智能等全面融合的数字经济时代的到来,产业组织架构出现了新内容。

诚然,在数字经济的未来发展中,市场机制在理论上仍然是促动产业组织变动的主导机制,但市场机制将会在很大程度和范围内融合于新科技发展并受之影响。也就是说,市场机制的发挥与互联网、大数据和人工智能等息息相关,这便是前文提及的数字经济时代会出现互联网资源配置机制的依据所在。就产业组织架构演变而论,它会因互联网资源配置机制改变了厂商竞争和垄断途径而发生改变。具体地说,厂商已不像过去那样完全依据滞后的市场信号来选择竞争路径,也不像过去那样主要借助市场信号来形成行业垄断,厂商确定产量和价格,主要是通过互联网、大数据和人工智能等的融合,利用云平台和运用集约化的云计算,以人工智能匹配大数据等方法来确定竞争和垄断路径。社会资源配置机制发生变化对产业组织架构变化的影响是广泛而深刻的,如何从基

础理论层面来解释这种以互联网为载体,以大数据分析和人工智能技术为手段而导致的产业组织架构演变呢?这个问题的症结在互联网应用扩张。

互联网应用扩张所涉及的内容相当宽泛,从信息互联网看,它经由PC互联网发展到移动互联网;从物体互联网考察,它由物联网和人工智能两大块构成;从价值互联网理解,它以区块链为代表。数字经济背景下厂商之间产供销的决策信息,主要来源于厂商对互联网提供的大数据的搜集、加工和处理,随着互联网应用扩张出现网络协同化,产业组织架构便演变成网络协同架构。互联网应用扩张为产业组织架构的演变提供大数据技术支持的过程不会停止延续,例如,作为互联网、通信和信息三大技术融合平台的物联网,它连结物理世界和互联网时,通过自动化领域硬件所产生的虚拟信息映射,会给产业组织的网络协同架构提供覆盖面更宽广的大数据。另一方面,产业组织的网络协同架构的范围和层次,以目前的情况而言,在很大程度上取决于全体厂商掌握和运用以机器学习为核心内容的人工智能匹配大数据的水平。总的来讲,如果只有少数厂商实现了数据智能化,社会只是出现了数字经济现象,只有在全体厂商至少是绝大部分厂商实现了数据智能化时,社会才会出现数字经济运行格局。因此,产业组织由垂直整合架构转变成网络协同架构,是以数字经济运行为前提。

第四节　数字经济的发展概述

一、国外数字经济政策的演变

历史告诉我们,每一次的技术进步都势不可挡,每一次的发展契机又都转瞬即逝。放眼全球的数字经济浪潮,能不能抓住机遇,加速向以网络信息技术产业为重要内容的经济活动转变,成为各国经济社会发展的关键之举。为此,各个国家都先后开始用战略眼光发展数字经济,纷纷出台各种鼓励数字经济发展的政策和法规,全力抢占这一经济增长的新巅峰。从整体来看,国外主要经济体出台的数字经济政策和法规,可以大致归纳为兴起(20世纪90年代—21世纪初)、发展(2009—2016年)、裂变(2017年至今)三个阶段。

(一)20世纪90年代—21世纪初,数字经济政策兴起阶段

进入20世纪90年代,世界经济面临着严重的挑战:由于1991年伊拉克战争爆发,石油价格在3个月内从每桶14美元暴涨至40美元,石油危机让本就处于较高层面的世界经济通货膨胀进一步加剧。与此同时,持续的政策性干扰,导致日元对美元的汇率从1985年的1美元兑240日元上升到1995年的1美元兑79日元,曾经号称"卖了东京,买下美国"的日本遭受重创,陷入"失去的十年"。随后的亚洲金融危机更是让它雪上加霜。这一时期的欧洲经济也同样陷入了长期的滞胀"泥潭",社会形势在统一货币的长期谈判中动荡不安。

面对严峻的经济形势,各国政府急需为本国经济寻找新的增长点,其中美国政府最早给出答案——"信息高速公路"战略。20世纪90年代以来,美国政府高度重视并大力推动信息基础设施建设和数字技术发展。1993年9月,美国政府宣布实施一项高科技计划——"国家信息基础设施(NII)",计划用20年时间,耗资2000—4000亿美元,建立一个能覆盖全国的"以光纤通信网络为主,辅以微波和卫星通信的数字化大容量、高速率的"通信网,使所有的美国人方便地共享海量的信息资源。"信息高速公路"战略为美国数字经济的腾飞奠定了基础。1998年1月,美国时任副总统的阿尔·戈尔提出"数字地球"的概念,美国政府正式揭开了数字经济的大幕。在这一阶段,美国商务部作为美国信息高速

公路建设的主要负责方和数字经济的主要推动者,发布了多个重磅报告。其在1998年7月发布的《浮现中的数字经济》中,开始把发展数字经济作为驱动新发展的手段;1999年6月发布的《浮现中的数字经济(二)》中,则深入探索了互联网和电子商务对经济发展的潜在影响。随着数字经济在美国多方面的渗透,"浮现"的数字经济在美国已经不再准确。之后,美国商务部在2000年6月发布的第三份数字经济发展报告——《数字经济2000》的标题中去掉了"浮现"二字,并肯定了发展数字经济对于经济增长的稳定可靠性。而其在2002年和2003年连续发布的《数字经济2002》和《数字经济2003》则对早期数字经济理念在世界范围内的普及起到非常大的推动作用。此后,无论是2009年颁布的《美国复苏与再投资法案》,还是同年出台的《联邦云计算计划》,都进一步推动了美国信息技术基础设施转向网络IT服务的升级发展。由于数字经济所提出的信息产业和通信产业在互联网中的融合发展是传统产业变革的强大驱动力,符合当时传统经济对新型增长点的迫切需求。因而,在这一阶段还有很多其他国家也都积极出台相应的发展数字经济的早期规划和政策。

日本数字信息产业的发展孕育了日本的数字经济。1997年,日本通产省开始使用"数字经济"一词,大力推动以电子商务为基础的数字经济的发展。2000年,日本为促进数字信息产业的发展,特别成立"IT战略总部"。2001年1月,日本颁布了推进宽带基础设施建设的《e日本战略》,为日本数字经济的发展铺好信息高速公路。2003年7月,日本又制定《e日本战略Ⅱ》,目标是将数字信息技术应用于经济社会的食品、医疗、中小企业金融、行政等产业的发展。2004年5月,日本启动了基于物联网的国家信息化战略《u日本战略》,从网络、终端、平台和应用这四个层面构建数字信息技术与日本经济社会的广泛联系。伴随着2006年《IT改革政策》的出台,对于IT产业结构的深化改革使得数字经济的发展开始向日本社会的各领域渗透,也推动着日本数字经济政策进入下一个阶段。

欧洲作为第一次工业革命的发源地,早早就感受到传统工业所带来的负面效应。为应对信息时代的挑战,推动产业结构调整和优化升级,欧洲各大国也纷纷在21世纪初开始部署自己国家数字经济发展的蓝图,逐步推出与数字经济相关的政策。1993年,欧盟执委会发表的《成长、竞争力与就业白皮书》突出强调了加快信息社会的网络基础建设的重要性。1994年6月,《迈向欧洲的信息社会》这一旨在加速电信服务产业的自由化以及整合欧盟有关信息社会方面相关政策的欧洲信息社会行动计划被提出。1999年,欧盟提出的以建立欧洲网络与信息安全机构、协调欧盟成员国致力于打击网络犯罪为目的的《E-Europe计划》则为欧盟各国的数字经济发展保驾护航。2000年3月,欧盟发布了《里斯本战略》,推动欧洲信息社会向前发展;同年,英国政府也出台了多项促进电子商务发展的有关议案,并设立数字经济特使来统筹数字经济战略整体实施;而德国政府也在2000年出台《联邦在线2005》计划,以推动电子政务的建设。2002年,德国政府为实现网络扫盲,强化应用互联网的基础群体,还提出了《"全体上网"的10点赶超计划》。随着2005年6月欧盟《建设欧盟信息社会2006—2010年5年战略计划》的提出,欧洲的数字经济进入新的发展阶段。需要指出的是,20世纪90年代至21世纪初,各国出台的数字经济政策主要集中在互联网的基础建设、电子商务的发展、信息化的推广和应用以及国家数字经济发展战略的初步探索等方面。尽管数字经济的浪潮在世界开始掀起,但数字经济政策在很多国家并未上升到国家战略层面。很多国家对数字经济的理解,仍然局限在信息经济和互联网经济等数字经济发展的初始阶段。

(二) 2009—2016年,数字经济政策发展阶段

在这一时期,随着物联网、云计算、大数据、人工智能、虚拟现实等数字经济新兴领域的不断涌现,数字经济的发展为其他产业和整个社会经济的发展不断注入强大的动力。数字经济成为促进经济发展、增强国家竞争力和提高社会福利的重要手段,发展数字经济成为世界各国的共识。2010年,美国商务部提出"数字国家"的概念,并开始构建发展数字经济的完备政策体系。在接下来的5年内,美国的国家电信和信息管理局连续发布了《数字国家:21世纪美国通用互联网宽带接入进展》《探索数字国家:美国家庭宽带互联网应用》《数字国家:扩大互联网使用》《探索数字国家:计算机和互联网的家庭应用》《探索数字国家:美国新兴在线体验》和《探索数字国家:拥抱移动互联网》等6份"数字国家"的报告,主要围绕美国数字经济的基础设施、互联网、移动互联网等方面进行统计和分析。为了保证美国在新一轮产业革命中的发端地位,推动美国大数据、人工智能、5G应用等领域的发展,2012年2月,美国国家科学技术委员会公

布了《先进制造业发展计划》;同年5月,奥巴马政府宣布实行《数字政府战略》,开启了美国数字政府的建设;2013年3月,还发布了《大数据研究和发展倡议》,加快美国大数据的发展和应用;2016年10月18日发布的《国家人工智能研发与发展策略规划》规定了一个高水平的人工智能发展框架。美国商务部在2015年和2016年连续发布的《数字经济议程》中,则提出把发展数字经济作为实现美国繁荣和保持竞争力的关键。

此外,美国政府开始关注数字贸易的规则制定以及数字经济的网络安全问题。2014年,美国商务部发布了有关数字贸易政策制定规则的《数字经济与跨境贸易:数字化交付服务的价值》的报告。2016年7月,还成立数字贸易工作组,以快速识别数字贸易壁垒,制定相应的政策规则。对于网络安全问题,美国也从未放松,2016年底,美国国家网络安全委员会向白宫递交了《关于保护和发展数字经济的报告》,其中对当时美国的网络安全形势进行了分析和研判。在这一阶段,美国在经济和社会生活的方方面面都开启了自己的数字化。日本通过多年对数字信息产业的政策支持、法律法规规范,为进一步推动数字经济的发展创造了有利环境。2009年,日本政府提出了面向数字经济新时代的战略政策,先后颁布了《i日本战略2015》和《ICT维新愿景》计划,以期实现数字信息产业在经济社会的普惠性。从"e日本战略"到"u日本战略"再到"i日本战略",这不仅仅是一个字母的变化,更是日本信息化战略的理念、目标与路径的全方位改变。2011年,日本政府为了打造更强大的数字信息经济,又推出了《推进ICT维新愿景2.0版》;而2013年6月13日提出的《日本复兴战略》则充分展现了日本政府力图通过数字经济实现经济复兴的决心。

尽管欧洲各国在21世纪初便有意识地为数字经济的发展铺平道路,但直到2008年经济危机发生后才纷纷拉开发展数字经济战略的序幕。2008年10月,法国政府颁布了《数字法国2012计划》,希望能在2008—2012年的5年中帮助法国跻身全世界最主要数字国家的行列。此后,在2011年底,法国进一步推出了围绕发展固定和移动宽带、推广数字化应用和服务(特别是电子政务)及扶持电子信息企业的发展三大主题的《数字法国2020》战略。另外,在这一阶段的英国政府同样积极应对数字经济浪潮。2009年6月16日,伴随着主题为通过改善基础设施、推广全民数字应用、提供更好的数字保护,从而将英国打造成世界"数字之都"的《数字英国》计划的推出,英国拉开了数字经济战略发展的序幕。无论是2010年4月8日颁布的《数字经济法案》,还是2013年6月发布的《信息经济战略》,抑或是2015年2月出台的《数字经济战略(2015—2018)》,都反映了英国政府在打造数字经济时代背景下国家竞争新优势、促进产业结构升级上的战略意图和决心。此外,英国政府积极开展数字政府建设,在2012年11月启动了《政府数字战略》,并在2013年12月和2014年4月分别发布《政府助力数字化路径》和《政府数字包容战略》,作为详细规划英国数字政府建设的指南。

欧洲大陆另一个传统工业强国——德国,也逐渐将发展数字经济作为其政治和经济层面的首要任务。2010年7月,德国政府发布了包含互联网发展、数字化普及等多项德国未来发展的规划——《德国2020高技术战略》。同年11月,作为指导德国信息通信技术发展的纲领性文件《德国ICT战略:数字德国2015》出台了。2012年10月出台的《2020创新伙伴计划》更是让德国数字经济的创新活动得到了大量的财政支持。而伴随着德国数字化转型的重要组成部分《"工业4.0"战略》在2013年4月的提出,德国"智造"快速发展。倡导数字化创新驱动经济社会发展,为德国建设成为未来数字强国部署战略方向的《数字议程(2014—2017)》于2014年8月发布。而同年11月德国联邦政府发布的《新高科技战略》中重点强调了数字经济包括工业4.0、智能服务、智能数据项目、云计算、数据联网、数字科学、数据建设、数字化生活环境等八大核心领域的发展。此外,德国还不断强化数据网络的安全措施。2015年3月,为保障德国和欧盟的数据主权,德国经济与能源部启动了《智能服务世界、进入数字化、专业IT表格项目》,并推广数据经济领域的创客竞赛。

综上可以发现,在这一阶段很多国家均出台了数字经济国家发展战略,数字经济也在各国政府政策驱动和互联网应用的普及下得到快速发展。这一时期的数字经济政策多以国家数字经济发展整体规划和发展布局为主,并且由于以智能制造为核心的"工业4.0"和以"互联网+"为主要途径的产业互联网为传统产业的研发设计、生产制造、流通消费等环节的提质增效带来了巨大的空间和机遇,各国政府的数字经济政策也在这一阶段更多地将数字化发展引入传统产业的转型升级中。

(三)2017年至今,数字经济政策裂变阶段

2016年的二十国集团(G20)峰会首次将"数字经济"列为G20创新增长蓝图中的一项重要议题。由多国领导人共同签署的数字经济政策文件《G20数字经济发展与合作倡议》的发布,标志着各国的数字经济政策进入了裂变式的全新阶段。越来越多的国家把数字经济政策作为经济发展的战略蓝图和纲领性文件出台,各国的数字经济政策也涉及与数字经济发展相关的方方面面。此外,各国数字经济政策在推动本国工业、农业、服务业与数字经济深度融合的同时,也开始为国家间数字经济合作发展助力。2016年6月,美国商务部发布《在数字经济中实现增长与创新》,鼓励美国的各行各业积极融入数字经济时代的发展。2017年6月,美国政府公布了《电子复兴计划》,计划在未来的5年投入超过20亿美元用于美国信息技术领域的创新发展,希望开启和引领下一次的电子革命。2018年3月,美国商务部经济分析局发布工作文件《数字经济的定义和衡量》,对新时代人们认识和度量数字经济起到重要的促进作用。同年,美国政府先后出台了管理生物医学大量数据的《数据科学战略计划》、勾勒美国网络安全战略路线的《美国国家网络战略》以及确保美国占据先进制造业领导地位的《先进制造业美国领导力战略》等数字经济政策,积极推动数字经济的创新发展。2019年,美国政府还接连发布了《国家人工智能研究和发展战略计划:2019更新版》《维护美国人工智能领导力的行政命令》以及《5G加速发展计划》等战略计划,充分发挥政府的引导、支持作用,确保美国数字经济产业的发展拥有核心优势。

近些年,日本政府对数字经济发展十分重视,不断推动大数据、云计算、人工智能等新技术在其他产业的生产、运营、管理等领域的全面优化,提升日本整体经济社会的效率。2016年1月22日,随着《第五个科学技术基本计划》在日本内阁会议上通过,建设全球领先的"超智能社会"的想法成为日本数字经济发展的目标,日本政府希望通过最大限度利用信息通信技术,将网络空间与现实空间融合,使每个人最大限度地享受高质量的服务和便捷的生活。2018年6月,日本政府出台有关网络安全与数据保护的《集成创新战略》;同年7月,先后发布了《日本制造业白皮书》《第2期战略性创新推进计划(SIP)》和《综合创新战略》等计划和战略,详细阐述了日本接下来推动数字经济发展的行动方案。

2019年，日本政府更是决定在当年度补充预算案中列入约万亿日元，投入"数字新政"的预算中，以期在信息化、智能化和数字化基础研究等数字经济的相关领域上处于世界前列。与此同时，2016年后的英国、德国和法国等欧洲国家政府以及欧盟也不断出台保障和促进数字经济发展的政策，积极面对数字经济的挑战，努力抓住数字经济发展的机遇。2016年4月，欧盟通过了《通用数据保护条例》，旨在保护各国数据网络的安全，为欧洲各国数字经济的发展提供一定的保护。此后，2018年，欧盟又接连发布了《欧盟人工智能战略》《非个人数据在欧盟境内自由流动框架条例》《促进人工智能在欧洲发展和应用的协调行动计划》和《可信赖的人工智能道德准则草案》等一系列政策，旨在推动欧洲的人工智能、大数据、网络安全和数据保护等数字经济领域的发展。2017年3月，英国的文化、媒体和体育部发布了《英国数字战略》，为英国推进数字化转型和跻身于数字经济强国行列做出全面而周密的部署。同年4月，《数字经济法案》正式成为生效法律，该法案填补了英国数字经济相关领域的法律空白，明确了发展数字经济过程中监管机构的职能等问题，构建起了英国数字经济发展的法律框架，有效地减少了英国数字经济发展的不确定性。而2017年底发布的《产业战略：建设适应未来的英国》的白皮书，则强调了人工智能对于英国产业发展的重要性。此后，无论是2018年1月发布的有关网络空间规范和准则的《数字宪章》，还是2018年6月推出的促进大数据应用发展计划——《国家计量战略实施计划》，都显示出英国政府推动数字战略再升级的意图，体现了英国政府对数字革命的巨大期待和决心。

与此同时，德国和法国也不甘错过数字经济发展的机遇。由于数字化建设可以为德国持续的经济增长带来新的动力，2016年以后，德国政府及相关部门出台了很多相关的支持政策。例如，2016年3月，德国政府发布了《数字战略2025》，这是继《数字议程》之后，德国政府首次就数字化发展做出系统的安排，同时也是德国政府开启数字经济发展下一阶段政策的发端。2016年和2017年连续发布的《德国数字化平台绿皮书》和《德国数字化平台白皮书》两份报告，阐释了数字经济对于德国以及欧洲经济的强大推动力，同时提出要进一步推动数字化生产和平台经济成为传统经济创新升级的驱动力。2018年，德国政府又接连发布了《人工智能德国制造》《高技术战略2025》《"建设数字化"战略》和

《联邦政府人工智能战略要点》,明确提出推动人工智能技术的推广和应用。接着,德国政府于 2019 年 11 月 29 日发布《国家工业战略2030》,大力推动人工智能、数字化等数字经济创新技术领域的成长,使其成为德国工业未来的发展方向。而 2018 年法国政府也陆续发布了《法国人工智能发展战略》《5G 发展路线图》《利用数字技术促进工业转型的方案》等一系列与数字经济相关的前沿技术政策,以期法国在工智能、信息新基建、大数据等数字经济领域的创新发展。随着 2019 年首届法国人工智能峰会在巴黎的顺利召开以及法国政府推出的《数字法国 2019 战略》,法国政府希望用政策规划好法国数字经济的发展方向,从而推动数字经济成为法国经济的又一增长点。

在 2016 年至今出台的国外数字经济政策,无论是发达国家还是发展中国家,都希望能争取到更多的数字红利。各国的数字经济政策也呈现出百花齐放的姿态,除了重视数字经济发展的顶层设计和整体规划,各国还开始趋向于因地制宜,结合自身数字经济的发展水平,推出合适的数字经济政策。

(四)国外数字经济政策演变趋势分析

处于数字化进程的不同阶段的各个国家,对于数字经济的战略部署侧重点各有不同,数字经济政策也有较大区别。我们可以根据各个国家的数字化程度大体将其分为三类,即数字化的新兴国家、数字化转型中的国家和数字化高度进化的国家。其中,新兴国家的数字经济发展政策重点在于加强数字基建、培育互联网基础以及解决公民网络应用的鸿沟等数字化转型准备方面。相比之下,数字化转型中国家则更加注重引导数字产业之间的竞争,从而激发产业数字化转型的新动能。此外,它们还希望通过数字政策来保证企业便捷地应用或推出数字技术,并培养社会数字素养以及促进公民的数字参与能力。而作为数字化进程领先的国家,如美国、日本等,则是积极促进平台层面的行业竞争与增量数字技术的竞争,同时以期用一系列的数字经济政策来推进社会的全面数字化,以应对随时而来的新变革,并推进参与式决策,加强国际数字合作。此外,通过对世界主要经济体数字经济政策的梳理可以发现,各国的数字经济政策主要围绕数字基建、数字战略与规划、数字安全以及区域数字经济合作这四个方面推进和展开。

1. 数字基建政策

每一次产业革命的兴起都伴随着配套基础设施的发展,数字经济的发展离不开数字基建的支持。作为数字经济的基石,世界上主要经济体的数字经济发展政策大多开始于数字基建政策。数字基础设施建设政策,既包括通信网络、新技术和云计算等信息基础设施的普及政策,又包含对传统基础设施数字化、智能化的转型和改造的应用政策。各国政府希望通过政策力量推动数字基础设施的广泛普及和应用,为本国数字经济的发展打下坚实的基础。

2. 数字战略与规划政策

美、欧、日等国家和地区高度重视数字经济的顶层设计和整体规划,并随着本国数字经济发展的形势、需要和阶段,不断调整各自的相关政策方向。无论是美国商务部 2015 年提出的《数字经济议程》,还是英国政府 2017 年推出的《英国数字战略》,抑或是日本政府出台的《第五个科学技术基本计划》,等等,各国政府都积极发布数字经济的战略规划,以期推动本国数字经济不断朝新的阶段发展,并通过数字经济相关领域的一个又一个具体的规划,找到适合自己并具有本国特色的数字经济发展路径。

3. 数字安全政策

在各国政府推进数字经济发展的过程中,数字经济发展的安全问题逐渐被重视起来,数字安全政策在各国出台的数字经济政策中所占的比重也越来越大。如,美国的《美国国家网络战略》等数字的网络安全政策,欧盟的《通用数据保护条例》等数据的保护政策,美国数字贸易工作组制定的数字贸易规则,等等。不断完善数字经济的安全政策,出台保障数字经济健康发展的政策,成为各国数字经济发展的重要保障。

4. 区域数字合作政策

推动区域数字经济合作发展,是世界主要经济体制定数字经济政策的一个重要目的。一方面,越来越多的国家开始利用现有的国际舞台,通过制定数字经济的新型规则和重构数字产业生态来实现自身的利益诉求;另一方面,各国积极推进在数字经济领域的务实合作和规则重构,以期增强自己国家在数字经济领域的国际影响力和话语权。

二、国内数字经济政策的演变

在信息时代的发展进程中,数字经济已成为信息产业中最具活力的新业态。中国在数字经济领域的发展也正从跟跑者、并跑者逐渐变为领跑者。随着以互联网、大数据、人工智能等为代表的数字经济不断融入我国经济社会的方方面面,数字经济已然成为推动我国经济发展质量变革、效率变革、动力变革的重要驱动力。回顾我国数字经济发展进程,与世界其他国家相比,中国的数字经济特色鲜明。中国的数字经济拥有更加广泛的覆盖范围和基础应用市场,呈现出大、中、小企业踊跃参与的蓬勃发展景象。这些数字经济发展的利好条件,离不开中国政府的支持和数字经济政策的推动。随着从1994年开始的早期推动信息化建设和发展电子商务的数字经济发展政策,到如今推动数字经济发展的政策协同框架的建设等,一系列围绕数字经济的政策应运而生,我国的数字经济政策体系逐步形成,与此同时,各省也纷纷响应,发布更加贴合省情的数字经济发展政策。多领域、多层次的数字经济政策不断为我国数字经济的深入发展保驾护航。

(一)我国数字经济政策体系初步形成

1. 我国数字经济政策的第一阶段(1994—2012)

1994年,随着国际互联网正式接入中国,我国开始了发展数字经济的探索。纵览我国数字经济政策的发展,大致可以将其分为三个阶段。第一阶段以《2001年国务院政府工作报告》首次提出信息化为标志,在此之后连续7年,"积极推进国民经济和社会信息化"成为政府工作报告中时常出现的词。无论是"十五"规划中强调加速发展信息产业,还是"十一五"规划中对信息技术普及和应用的重视,都体现了我国积极推动信息化在各个领域的发展应用。随着2007年党的十七大报告提出的信息化与工业化融合发展的新命题,此后出台的"十二五"规划中更加强调了推进信息基础建设,强化信息化和工业化深度融合,推动经济社会各领域信息化的方针政策。2012年,在党的十八大报告中更是有多达19处表述提及信息、信息化、信息网络、信息技术与信息安全,而且报告还明确把"信息化水平大幅提升"纳入全面建成小康社会的目标之一。这些报告和规划无一不体现我们党和政府对于数字经济发展的规划和部署。2006年,发布《2006—2020年国家信息化发展战略》,明确规范和推动信息化的发展;2007年,发布《电子商务发展"十一五"规划》,将电子商务服务业确定为国家重要的新兴产业;2012年,被列入《"十二五"国家战略性新兴产业发展规划》的重点工程。总而言之,信息化建设的广泛应用是我国数字经济发展初始阶段的主要风向标,而我国数字经济政策发布的第一阶段,也是较多关注推动信息化建设、发展电子商务以及发展和完善信息基础设施建设等方面。

2. 我国数字经济政策的第二阶段(2013 — 2016)

我国在经历了互联网用户数量在21世纪初近10年的持续高增长之后,数字经济也得到了较快发展。2012年底,我国手机网民的规模达到4.2亿,互联网行业迎来了移动端时代,智能手机全面连接起人们的线上和线下生活。因此,中国的数字经济发展也迈入了全新的"互联网+"阶段。与此同时,我国数字经济政策的第二阶段也伴随着党的十八大报告的发布拉开了序幕。

梳理我国第二阶段主要数字经济政策,可以发现:一是关于信息基础设施的完善政策。2013—2016年,国务院接连出台了《关于推进物联网有序健康发展的指导意见》《"宽带中国"战略》和《关于加快高速宽带网络建设推进网络提速降费的指导意见》等与数字基建相关的政策。与此同时,国家发展和改革委员会发布了相应的诸如《关于组织实施第四代移动通信(TD-LTE)产业化专项的通知》《关于组织实施"宽带乡村"试点工程(一期)的通知》和《关于组织实施2017年新一代信息基础设施建设工程和"互联网+"重大工程的通知》等一系列推动我国互联网基础设施建设的政策文件。

二是以2015年国务院出台的《关于积极推进"互联网+"行动的指导意见》和《促进大数据发展行动纲要》为标志,积极推动"互联网+"、大数据、云计算等数字技术在社会各个领域的广泛应用。如,2015年国家发改委发布的《关于加强和完善国家电子政务工程建设管理的意见》,鼓励在电子政务项目中采用物联网、云计算、大数据等新技术。

三是我国数字经济政策的第二阶段,还对我国数字经济的发展进行了更细致的规划,尤其是制造业的数字化和信息消费领域的规范化。例如,2013年8月,国务院出台了《关于促进信息消费扩大内需的若干意见》,加快推动信息消费持续增长。2015年5月,国务院发布了以加快新一代信息技术与制造业深度融合为主线,以推进智能制造为主攻方向,以满足经济社会发展和国防建设对重大技术装备的需求为目标,推动数字经济和实体经济融合发展,建设中国制造强国"三步走"战略的第一个十年行动纲领——《中国制造2025》战略。2016年12月,工业和信息化部发布《智能制造发展规划(2016—2020年)》,即《智能制造"十三五"发展规划》,将提升我国信息化、数字化水平作为重要目标,以期实现传统制造业重点领域的数字化制造。

四是2016年在杭州成功召开的G20杭州峰会上,我国作为二十国集团(G20)的主席国,首次将"数字经济"列为G20创新增长蓝图中的一项重要议题。同年,国务院还出台了《国家信息化发展战略纲要》《"十三五"国家信息化规划》和《中华人民共和国国民经济和社会发展第十三个五年规划纲要》等数字经济未来发展战略和规划,这些既是我国对于进一步推进数字经济发展做出的详细的顶层设计,也体现了国家对发展数字经济的高度重视。正如2015年12月习近平总书记在"第二届世界互联网大会"开幕式上的讲话中所指出的,"中国正在加强信息基础设施建设,发展网络经济,促进互联网和经济社会融合创新发展,中国愿同各国加强合作,推动全球数字经济发展"。

3. 我国数字经济政策的第三阶段(2017年至今)

随着我国经济由高速增长阶段转向高质量发展阶段,数字经济逐渐成为我国经济转型升级的重要引擎和强劲动力。2017年3月,李克强总理在做政府工作报告时,首次将"数字经济"写入政府工作报告,提出要促进数字经济加快成长,让企业广泛受益,让群众普遍受惠。同年,党的十九大更是明确提出,推动互联网、大数据、人工智能和实体经济深度融合,形成新业态、培育新增长点、发展新动能;并首次将数字经济、数字中国等数字经济内容纳入重点讨论范围。可以说,第三阶段的数字经济政策以党的十九大报告为标志,经历数年的摸索发展,初步形成了中国数字经济的政策体系。与此同时,社会各领域对数字经济的重视程度越来越高,发展数字经济的战略思路也愈发清晰。

首先,伴随着以互联网、大数据、人工智能为代表的新一代信息技术日新月异的发展,我国第三阶段的数字基建政策也更进一步了。一方面,继续加大对人工智能、云计算、5G网络、物联网等数字经济技术领域的研发投入;另一方面,努力降低大数据收集和处理、互联网和移动互联网信息通信等发展数字经济的成本,构建更加方便、快捷的信息高速公路。如,国务院于2017年7月20

日为抢抓人工智能发展的重大战略机遇发布的《新一代人工智能发展规划》,以期构筑我国人工智能发展的先发优势,加快建设创新型国家和世界科技强国;国家发改委于2017年1月12日出台了《信息基础设施重大工程建设三年行动方案》,深入实施"宽带中国"战略,加快推进我国信息基础设施建设;此外,工业和信息化部更是分别在2017年4月和12月发布了《云计算发展三年行动计划(2017—2019年)》和《促进新一代人工智能产业发展三年行动计划(2018—2020年)》,并在2018年推出《新一代人工智能产业创新重点任务揭榜工作方案》,在2019年发布《关于印发"5G+工业互联网"512工程推进方案的通知》,等等。

其次,我国数字经济政策的第三阶段另一侧重点便是数字经济的两大方面,即数字产业化和产业数字化。国务院在2017年率先出台了《关于深化"互联网+先进制造业"发展工业互联网的指导意见》;而国家发改委在2019年和2020年分别出台了《关于推动先进制造业和现代服务业深度融合发展的实施意见》和《数字化转型伙伴行动倡议》,以期推动产业数字化的深入发展。相比之下,工信部则是出台了《高端智能再制造行动计划(2018-2020年)》《工业互联网发展行动计划(2018—2020年)》《推动企业上云实施指南(2018—2020年)》《工业互联网综合标准化体系建设指南》《关于推动工业互联网加快发展的通知》《中小企业数字化赋能专项行动方案》和《关于工业大数据发展的指导意见》等多个文件。

除此之外,包括数字发展的网络安全、信息安全、数据安全等数字安全的问题随着数字经济的发展规模的扩大被越来越重视。2017年1月,国务院出台了《关于促进移动互联网健康有序发展的意见》,加强对日益壮大的移动互联网进行有序的引导和规范的管理。此后,无论是2019年工信部出台的《电信和互联网行业提升网络数据安全保护能力专项行动方案》,还是2019年网信办发布的《云计算服务安全评估办法》,抑或是2020年工信部发出的《关于深化信息通信领域"放管服"改革的通告》等与数字安全相关的政策,都是对数字经济发展进程中不断出现的数字安全问题进行完善和解决。最后,社会多领域的数字化推进和区域数字化合作,是我国第三阶段数字经济政策又一个明显的特征。2018年,国务院发布了《关于促进"互联网+医疗健康"发展的意见》,同年国家发改委也出台了《关于促进"互联网+社会服务"发展的意见》,此后一系列的"互联网+"发展规划陆续发布,"互联网+"和大数据应用等数字技术逐渐在我国社会的方方面面发挥着更加重要的作用。此外,国务院及各部门陆续发布的《数字乡村发展战略纲要》《国家数字经济创新发展试验区实施方案》《关于推动数字文化产业创新发展的指导意见》《教育信息化2.0行动计划》《数字农业农村发展规划(2019—2025年)》等政策,都体现出第三阶段的数字经济政策试图将数字经济的辐射范围扩大。正如2019年5月习近平主席向2019年数博会发来的贺信中强调的那样:"中国高度重视大数据产业发展,愿同各国共享数字经济发展机遇,通过探索新技术、新业态、新模式,共同探寻新的增长动能和发展路径。"

总的来说,近年来,我国的数字经济政策方向由信息化和工业化融合、"互联网+"战略逐步提升和深化至数字经济、产业互联网等领域,尤其是近几年密集出台的互联网、大数据、人工智能和数字城市政策,正在新基建、数据要素、产业互联网、智慧城市等多方面形成推动数字经济发展的政策协同框架。

(二)我国各省数字经济政策的发展

数字经济作为经济社会发展的巨大推动力已经成为广泛的共识,5G、人工智能、平台经济等数字经济内容逐步应用于社会经济的各个领域。近年来,各级地方政府陆续出台与数字经济相关的政策,积极推进区域数字经济的发展,加强数字经济的战略引导,不断推进数字经济发展和数字化转型政策的深化和落地,使数字经济在国民经济中的地位进一步凸显。在不同地区,由于社会经济的发展水平存在差异,以及地区之间发展数字经济的基础条件也各不相同,因而各区域的数字经济发展并不均衡,各地的数字经济政策也有不同的侧重点。在基础设施建设方面,科学技术、教育资源相对集中在东部地区。因此,东部地区发展数字经济的政策推进较中西部而言进入了下一阶段。相比之下,中西部在数字基建方面的政策较为集中,且数字经济的发展政策更加凸显区域特征。

东部地区的浙江省于2018年9月出台了《浙江省数字经济五年倍增计划》,深入推进云上浙江、数字强省的建设,并且以产业数字化为发展重点,培育人工智能等产业新优势,率先开展5G商用,推广应用城市大脑,争创国家数字经济示范省。广东省则于2020年3月发布了《广东省培育数字经济产业集群行动计划(2019—2025年)》,在数字经济的发展规划上,以数字产业化和产业数字化为主线,聚焦数字政府建设、数字技术创新、数字基础设施建设、数字产业化发展、产业数字化转型以及新业态新产品培育等六大重点任务;深入实施社会治理数字化应用示范、重大创新平台建设、新型基础设施建设、数字经济产业创新集聚、工业互联网创新应用、数字农业发展示范、数字湾区建设等七大重点工程。山东省近年来则是围绕数字产业化、数字农业、智能制造、智慧服务、培育新业态等五大任务,从加大要素供给、强化人才支撑、激发创新活力、培育市场主体、加强资金扶持等5个方面,陆续提出了多达19条具体政策措施。从这3个省份的数字经济政策的侧重点不难发现,东部各省的数字经济政策走在了全国的前列。它们利用自身发展数字经济的优势,不断探索数字经济发展的优化模式,努力使数字经济成为区域经济发展的新动能。

尽管中西部地区的各省份数字基础设施条件不如经济发达的东部地区,但它们充分利用自己的后发优势,通过数字经济政策改善提升数字基建的同时,抓住数字经济发展机遇,以期实现自身经济的跨越式发展,缩小与发达地区的社会经济差距。如,湖南省于2020年1月提出了《湖南省数字经济发展规划(2020—2025年)》,将实施包括大数据、人工智能、5G等10个数字经济领域的重点工程,以期全面提升区域的数字经济基础设施能力,初步完善数字治理体系,使湖南成为全国数字经济创新引领区、产业聚集区和应用先导区。江西省则提出把数字经济作为"一号工程"来抓;2019-2020年,接连出台了《江西省实施数字经济发展战略的意见》和《江西省出台数字经济发展三年行动计划(2020—2022年)》等政策,加快构建全省数字经济生态体系,促进经济、政府、社会各领域数字化转型。贵州省更是率先发布了全国首个省级数字经济发展规划,首提"资源型、技术型、融合型和服务型"四型数字经济。广西壮族自治区于2018年9月发布的《广西数字经济发展规划(2018—2025年)》则充分考虑广西所处的地理位置,以做强中国—东盟信息港为战略支点,加快发展新一代信息技术产业,大力推动互联网、大数据、人工智能和传统产业深度融合,夯实完善数字经济发展基础和治理体系,打造面向东盟的数字经济合作发展高地,构建形成具有广西特色的数字经济生态体系。从中西部各省陆续出台的数字经济政策可见,中西部各省正积极融入数字经济发展的浪潮之中,试图通过数字经济政策引导区域数字经济的特色发展模式。

三、我国数字经济政策的不断完善

随着5G、人工智能、工业互联网、大数据、区块链等词汇高频出现在各级政府的政策文件和会议报告中,我国数字经济政策逐渐走向成熟,大力发展数字经济成为各区域发展新兴产业的重要着力点。我国应积极面对数字浪潮的挑战,各区域要结合自身的数字化发展阶段,抓住数字化转型中的痛点,借鉴各国各区域成功的经验,寻求适合自身发展的对策。可以说,我国的数字经济政策将朝着健全政策体系、加快新型基础设施建设、广泛应用数字化以及推进区域数字合作四个主要方面不断发展完善,力争在新的世界经济格局中抢占数字高地,推进我国数字生态系统建设,助力中国经济社会的高质量发展。

建立健全发展数字经济的政策体系,研究构建数字经济协同治理政策体系。首先,我国的数字经济政策的完善离不开数字政府建设的推进,通过深化政务信息系统的集约建设和整合共享,推进全国一体化政务服务平台和国家数据共享交换平台建设,以政务信息系统整合共享推进政府治理改革,以"互联网+"政务服务提升政府服务水平,以新型智慧城市建设提升精准治理能力。此外,数字经济发展过程中的网络规范和数据安全等问题应该得到持续管理和解决,为我国数字经济持续健康的发展保驾护航。推进新型基础设施建设,为数字经济的新阶段铺好道路。2020年4月20日,国家发改委首次明确新基建主要包括三方面内容:一是以5G、数据中心、人工智能、云计算为代表的信息基础设施;二是以智能交通、智慧能源为代表的融合基础设施;三是重大科技和产业技术等创新基础设施。新型基础设施的建设是我国数字经济发展的关键环节,通过制定加快新型基础设施建设和发展的政策,推进一系列有利于数字经济发展的"新基建"工程,如全国一体化大数据中心建设、区域级数据中心集群和智能计算中心等,为我国数字经济竞争力的提升打下坚实的基础。将数字化转型广泛应用于社会经济的方方面面。一是进一步推动数字产业化和产业数字化的发展。一方面,持续壮大数字产业,以突出数字核心技术为出发点,推进应用自主创新产品,鼓励平台经济、共享经济、"互联网+"等新模式新业态发展;另一方面,推动实体经济数字化融合,加快传统产业数字化转型,布局一批国家数字化转型促进中心,鼓励发展数字化共性支撑和行业"数据大脑",推进前沿信息技术集成创新和融合应用。二是促进数据要素流通。正如国务院于2020年4月9日出台的《关于构建更加完善的要素市场化配置体制机制的意见》所强调的那样,要积极实施数据要素市场的培育行动,探索数据流通规则,深入推进政务数据共享开放,开展公共数据资源开发利用试点,建立政府和社会互动的大数据采集形成和共享融通机制。三是统筹推进试点示范,推进国家数字经济创新发展试验区建设。组织开展国家大数据综合试验区建设成效评估,加强经验复制推广。持续推进数字经济的区域合作,深化国际合作。例如,2019年,京津冀地区为加快数字经济的成长,联合出台了《京津冀协同发展一体化规划》;长三角地区、珠三角和东北老工业区等区域对大数据综合试验区建设进行探索和尝试,以期推动区域间各企业的数字经济深度合作。这些对于推动区域间数字经济合作的政策将陆续落地,有利于实现我国各区域间数字经济的共享发展。与此同时,对于深化数据丝绸之路、"丝绸电商"建设合作以及在智慧城市、电子商务、数据跨境等方面推动我国与世界各国间开展一系列的对话和务实合作,都将有利于我国把握数字化带来的历史性机遇。

第五节 发展数字经济的价值与优势

数字经济的迅猛发展深刻地改变了人们生活、工作和学习的方式,并在传统媒体、商务、公共关系、电影电视、出版、娱乐等众多领域引发深刻变革。发展数字经济正成为信息时代的最强音,对中国而言更具有特殊意义。随着全球信息化步入全面渗透、跨界融合、加速创新、引领发展的新阶段,我国也借势深度布局、大力推动数字经济的发展,从而使其逐渐成为整体经济创新发展的强大引擎,并为全球经济复苏和优化发展提供借鉴和启发。数字经济是在计算机、互联网、通信技术等新一轮信息革命的基础上发展起来的,因此也被称为信息经济。对于正处在整体经济转型升级关键期的中国经济而言,发展数字经济显然具有十分重要的特殊意义,有利于推动新常态下我国经济发展和创新战略的落地。

一、经济新常态需要发展新引擎

中国经济经过 30 多年的高速增长,已经逐渐步入增速放缓、结构升级、动力转化的新常态阶段,整体发展环境、条件和诉求都发生了深刻改变。因此,如何认识、适应和引领新常态,打造经济发展新动能,便成为我国实现经济跨越式发展的根本议题。特别是要化解经济新常态下"中等收入陷阱"这一最大风险,必然离不开发展引擎的转变。

二、信息革命推动社会生产生活方式变革

当前愈演愈烈的信息革命为我国打造新动能、跨越曾经普遍困扰各国经济发展的"中等收入陷阱"提供了历史性机遇。从人类社会的发展历史来看,每一次产业革命都将实现社会生产力的巨大提升:农业革命推动人类从采集捕猎转为种植畜养,大大增强了人们的生存能力,使社会从野蛮、蒙昧时代进入文明时代;工业革命推动家庭作坊式的手工生产形态走向规模化的机器大生产,极大地提升了人类社会的生产能力,改变了以往的物质匮乏状况。同样,以计算机、互联网、通信等先进技术为代表的信息革命推动了社会生产生活方式的数字

化、网络化、信息化、智能化。数字化工具数字化生产、数字化产品等数字经济形态快速崛起,为新常态下我国经济发展提供了新动能。

三、发展数字经济成为国家战略选择

当前,欧美等发达国家都将发展数字经济提升到国家战略高度,如美国的工业互联网、德国的"工业4.0"、日本的机器人新战略、欧盟地区的数字经济战略等。面对新一轮互联网信息化革命浪潮,我国政府也根据基本国情和整体需要,提出"网络强国"的发展战略,积极推进"数字中国"建设,从而使得数字经济上升到国家战略层面,成为新常态下经济结构转型升级和跃迁式发展的新动能。

四、数字经济发展前景广阔

基于互联网信息革命发展起来的数字经济不仅深度释放了原有的社会生产力,也创造出了更具价值的全新的生产力。数字经济的快速崛起和发展,大大提高了现代经济效益,推动了经济结构的转型升级,成为全球经济走向复苏与繁荣的重要驱动力量。2008年之后,数字经济在全球整体经济发展疲软的大背景下逆势而上,呈现出巨大的发展活力,大数据、云计算、物联网、移动互联网、智能机器人、3D打印、无人驾驶、VR/AR等各种信息技术创新与应用不断涌现,在颠覆重塑诸多传统产业的同时,也不断创造出新的产业、业态与模式。更令人充满期待的是,数字经济的发展其实才刚刚开始,当前所处的发展阶段其实只相当于工业革命中的蒸汽机时代。互联网文化的著名观察者凯文·凯利(Kevin Kelly)也认为:"今天才是第一天。"真正让人震撼的伟大产品其实还没有出现。

第二章　数字经济发展的战略决策

我国要推动数字经济发展,首先要解决的问题是如何从国家和政府层面采取积极的战略行动保障数字经济加快发展。其次,数字经济正在引领传统产业转型升级,正在改变全球产业结构,正在改变企业生产方式。那么,数字经济时代政府如何调整产业结构,提高信息化程度,紧紧跟随数字经济发展潮流和趋势,成为必须面对的新时代课题。最后,数字改变生活,数字经济发展也正在改变我们的明天。数字经济时代,社会和公众如何共同参与数字经济发展,使经济社会发展的成果惠及全社会和广大民众,这才是国家加快数字经济发展的出发点和最终落脚点。本章主要描述了数字经济发展的战略决策,从基础建设战略决策、融合发展战略决策、共享参与战略决策三方面展开讨论。

第一节　基础建设战略决策

一、加快企业和市场的数字化基础建设

因为信息化是数字经济发展的基础,大数据是数字经济发展的新平台、新手段和新途径,所以深入推进国家信息化战略和国家大数据战略,是加快数字经济时代企业和市场数字化基础建设的前提,是从国家和政府层面解决数字经济发展"最先一公里"的问题。

(一)深入推进国家信息化战略

当今世界,信息技术创新日新月异,以数字化、网络化、智能化为特征的信息化浪潮蓬勃兴起。全球信息化进入全面渗透、跨界融合、加速创新、引领发展

的新阶段。在信息化上占据制高点，便能掌握先机、赢得优势、赢得安全、赢得未来。

1. 信息化与数字经济的关系

早在20世纪90年代，数字经济的提法就已经出现。被称为"数字经济之父"的美国经济学家唐·塔普斯科特在20世纪90年代中期出版了一本名为《数字经济》的著作，自此数字经济的概念进入理论界和学术界的研究视野。随后曼纽尔·卡斯特的《信息时代：经济、社会与文化》、尼葛洛庞帝的《数字化生存》等著作相继出版，数字经济提法在全世界流行开来。此后，西方许多国家开始关注和推进数字经济发展。

2004年以后，云计算、物联网等信息技术的出现，又将数字经济推向了新高峰。2008年国际金融危机波及全球经济，并重创传统金融行业。但国外苹果、脸谱、谷歌、微软、亚马逊等数字公司基本上毫发无损，国内阿里巴巴、百度、腾讯等数字企业所受影响也不大。大数据、人工智能、虚拟现实、区块链等技术的兴起为人们带来了希望，世界各国不约而同地将这些新的信息技术作为未来发展的战略重点。数字经济引领创新发展，为经济增长注入新动力已经成为普遍共识。

从数字经济的发展历程来看，数字经济可以泛指以网络信息技术为重要内容的经济活动。因此，从某种意义上讲，数字经济也可以通俗地理解为网络经济或信息经济。现代信息技术日益广泛的应用，推动了数字经济浪潮汹涌而至，成为带动传统经济转型升级的重要途径和驱动力量。根据数字经济的内涵和定义分析，信息化为数字经济发展提供必需的生产要素、平台载体和技术手段等重要条件。换言之，信息化是数字经济发展的基础。具体表现为信息化对企业具有极大的战略意义和价值，能使企业在竞争中胜出，同时企业信息化的积极性最高，因此在信息化中企业占据主导地位。如近几年出现的云计算、人工智能、虚拟现实等信息化建设，均以企业为主体。数字经济的特点之一就是使信息成为普遍的商品，主要任务是跨过从信息资源到信息应用的鸿沟。信息化是个人成长、需求发布和沟通的重要通道，是社会公平和教育普惠的基础，使个人拥有了极大空间。这是因为按需生产是数字经济的一个重要特征，而要做到按照需求合理地供给，必须靠信息。信息化是提升政府工作效率的有效手段,是连接社会的纽带。政府是信息化的使用者,同时由于信息化的复杂性,政府需要对信息化加强引导和监管。

2. 加快推进国家信息化战略

2017年,十二届全国人大五次会议首次将"数字经济"写入政府工作报告,并强调促进数字经济加快成长,让企业广泛受益、群众普遍受惠。衡量数字经济发展水平的主要标志是人均信息消费水平。我国尚处于信息社会的初级阶段,年人均信息消费(包括信息技术消费和通信技术消费)只有300美元左右,不到美国的1/10。在未来一段时间内,我国要想加快数字经济发展,培育经济新增长点,就必须加快推进国家信息化战略,要按照《国家信息化发展战略纲要》要求,围绕"五位一体"总体布局和"四个全面"战略布局,牢固树立创新、协调、绿色、开放、共享的新发展理念,贯彻以人民为中心的发展思想,以信息化驱动现代化为主线,以建设网络强国为目标,着力增强国家信息化发展能力,着力提高信息化应用水平,着力优化信息化发展环境,让信息化造福社会、造福人民。按照《国家信息化发展战略纲要》要求,制定好国家信息化战略的时间表和路线图。

3. 先行先试:加快国家信息经济示范区建设

2016年11月中共中央网络安全和信息化委员会办公室、国家发展和改革委员会共同批复同意浙江省设立国家信息经济示范区。浙江省国家信息经济示范区建设着力加强深化供给侧结构性改革,落实G20杭州峰会数字经济发展与合作倡议成果,着力探索适合信息经济创新发展的新体制、新机制和新模式,以信息化培育新动能,用新动能推动新发展。着力打造各具特色的试点城市;以世界互联网大会永久会址为载体,创建乌镇互联网创新发展试验区,努力推动浙江在"互联网+"、大数据产业发展、新型智慧城市、跨境电子商务、分享经济、基础设施智能化转型、信息化与工业化深度融合、促进新型企业家成长等方面走在全国前列,创造可复制、可推广的经验。浙江主要在三个方面开展示范:一是打造经济发展新引擎,在制造业与互联网的深度融合、社会发展的深度应用、政府服务与管理的深度应用上开展示范;二是培育创新驱动发展新动能,突破信息经济核心关键技术,推进科技成果转化与应用,大力实施开放式创新;三是推进体制机制创新,重点在信息基础设施共建共享、互联网的区域开放应用和管控体系、公共数据资源开放共享、推动"互联网+"新业态发展、政府管理与服务等方面进行探索创新,以此持续释放信息经济发展红利。

(二)加快推进国家大数据战略

云计算、大数据、移动互联网、物联网和人工智能的出现,推动了第二次信息革命—数据革命,此时期,大数据的迅速发展起到了更为关键的作用。

信息技术与经济社会的交汇融合引发了数据迅猛增长,数据已成为国家基础性战略资源,大数据正日益对全球生产、流通、分配、消费活动以及经济运行机制、社会生活方式和国家治理能力产生重要影响。尽管我国在大数据发展和应用方面已具备一定基础,拥有市场优势和发展潜力,但也存在政府数据开放共享不足、产业基础薄弱、缺乏顶层设计和统筹规划、法律法规建设滞后、创新应用领域不广等吸待解决的问题。

1. 大数据发展形势及重要意义

目前,我国互联网、移动互联网用户规模居全球第一,拥有丰富的数据资源和应用市场优势,大数据部分关键技术研发取得突破,涌现出一批互联网创新企业和创新应用,一些地方政府已启动大数据相关工作。坚持创新驱动发展,加快大数据部署,深化大数据应用,已成为稳增长、促改革、调结构、惠民生和推动政府治理能力现代化的内在需要和必然选择。

(1)大数据成为推动经济转型发展的新动力。以数据流引领技术流、物质流、资金流、人才流,将深刻影响社会分工协作的组织模式,促进生产组织方式的集约和创新。大数据推动社会生产要素的网络化共享、集约化整合、协作化开发和高效化利用,改变了传统的生产方式和经济运行机制。大数据持续激发商业模式创新,不断催生新业态,已成为互联网等新兴领域促进业务创新增值、提升企业核心价值的重要驱动力。大数据产业正在成为新的经济增长点,将对未来信息产业格局产生重要影响。

(2)大数据成为重塑国家竞争优势的新机遇。在全球信息化快速发展的大背景下,大数据已成为国家重要的基础性战略资源,正引领新一轮科技创新。充分利用我国的数据规模优势,实现数据规模、质量和应用水平同步提升,发掘和释放数据资源的潜在价值,有利于更好地发挥数据资源的战略作用,增强网络空间数据主权保护能力;维护国家安全,有效提升国家竞争力。

(3)大数据成为提升政府治理能力的新途径。大数据应用能够揭示传统技术方式难以展现的关联关系,推动政府数据开放共享,促进社会事业数据融合和资源整合,将极大地提升政府整体数据分析能力,为有效处理复杂社会问题提供新的手段。建立"用数据说话、用数据决策、用数据管理、用数据创新"的管理机制,实现基于数据的科学决策,将推动政府管理理念和社会治理模式进步,加快建设与社会主义市场经济体制和中国特色社会主义发展相适应的法治政府、创新政府、廉洁政府和服务型政府,逐步实现政府治理能力现代化。

2. 大数据与信息化、数字经济关系

信息技术与经济社会的交汇融合引发了数据迅猛增长,大数据应运而生。同时,大数据的迅速发展又掀起了新的信息化浪潮,为信息产业和数字经济发展提供了新机遇、新挑战。

(1)大数据与信息化。与以往数据比较,大数据更多表现为容量大、类型多、存取速度快、应用价值高等特征,是数据集合。海量数据的采集、存储、分析和运用必须以信息化为基础,充分利用现代信息通信技术才能实现。大数据与信息化的关系表现在以下几个方面:

一是大数据推动了信息化新发展。大数据作为新的产业,不但具备了第一产业的资源性,还具备了第二产业的加工性和第三产业的服务性,因此它是一个新兴的战略性产业,其开发利用的潜在价值巨大。实际上,我们对大数据开发利用的过程,就是推进信息化发展的过程。因为大数据加速了信息化与传统产业、行业的融合发展,振起了新的信息化浪潮和信息技术革命,推动了传统产业、行业转型升级发展。因此,从这个层面讲,大数据推动信息化与传统产业、行业的融合发展的过程,也就是"互联网+"深入发展的过程。"互联网+"是一种新型经济形态,利用膨胀增长的信息资源推动互联网与传统行业相融合,促进各行业的全面发展。"互联网+"的核心不在于"互联网"而在于"+",关键是融合,即传统行业与互联网之间建立起有效的连接,打破信息的不对称,结合各自的优势,迸发出新的业态和创新点,从而实现真正的融合发展。而大数据在"互联网+"的发展中扮演着重要的角色,大数据服务、大数据营销、大数据金融等,都将共同推进"互联网+"的进程,促进互联网与各行各业的融合发展。未来的"互联网+"模式是去中心化,最大限度连接各个传统行业中最具实力的合作伙伴,使之相互融合,只有这样,整个生态圈的力量才是最强大的。

二是大数据是信息化的表现形式,或者是信息化的实现途径和媒介。在数字经济时代,信息技术同样是经济发展的核心要素,只是信息更多由数据体现,并且这种数据容量越来越大、类型越来越复杂、变化速度越来越快。所以,需要对数据进行采集、存储、加工、分析,形成数据集合——大数据。因此,大数据既是信息化新的表现形式,又是新的信息化实现的途径和媒介。

(2)大数据与数字经济。大数据与数字经济都以信息化为基础,并且均与互联网相互联系,所以要准确理解大数据与数字经济的关系,必须以互联网(更准确讲是"互联网+")为联系纽带进行分析。《数字经济:中国创新增长新动能》中指出,互联网是新兴技术和先进生产力的代表,"互联网+"强调的是连接,是互联网对其他行业提升激活、创新赋能的价值激发;而数字经济呈现的则是全面连接之后的产出和效益。即"互联网+"是手段,数字经济是结果。数字经济概念与"互联网+"战略的主题思想一脉相承。数字经济发展的过程是"互联网+"行动落地的过程,是新旧经济发展动能转换的过程,也是传统行业企业将云计算、大数据、人工智能等新技术应用到产品和服务上,融合创新、包容发展的过程。由此看来,大数据是传统行业与互联网融合的一种有效的手段;同时大数据也是数字经济结果实现的新平台、新手段和新途径,推进了"互联网+"行动落地的过程,推进了新旧经济发展动能转换的过程。数字经济时代,经济发展必然以数据为核心要素。大数据加快了互联网与传统产业深度融合,加快了传统产业数字化、智能化,为做大做强数字经济提供了必要条件和手段。

3. 加快推进国家大数据战略

国务院于2015年9月5日发布了《促进大数据发展行动纲要》(以下简称《纲要》)。《纲要》提出用5~10年时间,实现打造精准治理、多方协作的社会治理新模式,建立运行平稳、安全高效的经济运行新机制,构建以人为本、惠及全民的民生服务新体系,开启大众创业、万众创新的创新驱动新格局,培育高端智能、新兴繁荣的产业发展新生态等五大发展目标。《纲要》提出要重点完成加快政府数据开放共享,推动资源整合,提升治理能力;推动产业创新发展,培育新兴业态,助力经济转型;强化安全保障,提高管理水平,促进健康发展三个方面的任务要求。《纲要》就上述目标任务提出了加快建设政府数据资源共享开放工程、国家大数据资源统筹发展工程、政府治理大数据工程、公共服务大数据工程、工业和新兴产业大数据工程、现代农业大数据工程、万众创新大数据工程、大数据关键技术及产品研发与产业化工程、大数据产业支撑能力提升工程和网络和大数据安全保障工程等十大系统工程。

此外,还需要从法规制度、市场机制、标准规范、财政金融、人才培养和国际合作等方面,为大数据推动数字经济发展提供政策保障。

4.加快国家大数据综合试验区建设

为贯彻落实国务院《促进大数据发展行动纲要》,2015年9月,贵州省启动全国首个大数据综合试验区建设工作。2016年2月,国家发改委、工业和信息化部、中央网信办三部门批复同意贵州省建设全国首个国家级大数据综合试验区。2016年10月8日,国家发改委、工业和信息化部、中央网信办发函批复,同意在京津冀等七个区域推进国家大数据综合试验区建设,这是继贵州省之后第二批获批建设的国家级大数据综合试验区。此次批复的国家大数据综合试验区包括两个跨区域类综合试验区(京津冀、珠江三角洲),四个区域示范类综合试验区(上海市、河南省、重庆市、沈阳市),一个大数据基础设施统筹发展类综合试验区(内蒙古)。

其中,跨区域类综合试验区定位是,围绕落实国家区域发展战略,更加注重数据要素流通,以数据流引领技术流、物质流、资金流、人才流,支撑跨区域公共服务、社会治理、和产业转移,促进区域一体化发展;区域示范类综合试验区定位是,积极引领东部、中部、西部、东北等"四大板块"发展,更加注重数据资源统筹,加强大数据产业集聚,发挥辐射带动作用,促进区域协同发展,实现经济提质增效;基础设施统筹发展类综合试验区定位是,在充分发挥区域能源、气候、地质等条件基础上,加大资源整合力度,强化绿色集约发展,加强与东、中部产业、人才、应用优势地区合作,实现跨越发展。第二批国家大数据综合试验区的建设,是贯彻落实国务院《促进大数据发展行动纲要》的重要举措,将在大数据制度创新、公共数据开放共享、大数据创新应用、大数据产业聚集、大数据要素流通、数据中心整合利用、大数据国际交流合作等方面进行试验探索,推动我国大数据创新发展。

二、进一步优化数字经济发展的市场环境

国家信息化战略和大数据战略的深入实施,大大提高了企业和市场的数字化基础建设的水平,分别为数字经济发展提供了重要基础和新平台。另外,数字经济的发展还需要具备良好的市场

(一)加强企业数字化建设

中国互联网络信息中心(CNNIC)发布的第45次《中国互联网络发展状况统计报告》显示,截至2020年3月,我国网民规模为9.04亿,互联网普及率达64.5%,庞大的网民构成了我国蓬勃发展的消费市场,也为数字经济发展打下了坚实的用户基础。该报告主要呈现出三个特点:

第一,基础设施建设持续完善,"新基建"助力产业结构升级。2019年,我国已建成全球最大规模光纤和移动通信网络,行政村通光纤和4G比例均超过98%,固定互联网宽带用户接入超过4.5亿户。同时,围绕高技术产业、科研创新、智慧城市等相关的新型基础设施建设不断加快,进一步加速新技术的产业应用,并催生新的产业形态,扩大新供给,推动形成新的经济模式,将有力推动区域经济发展质量提升和产业结构优化升级。

第二,数字经济蓬勃发展,成为经济发展的新增长点。网络购物持续助力消费市场蓬勃发展。截至2020年3月,我国网络购物用户规模达7.10亿,2019年交易规模达10.63万亿元,同比增长16.5%。数字贸易不断开辟外贸发展的新空间。2019年,通过海关跨境电子商务管理平台零售进出口商品总额达1862.1亿元,增长了38.3%。数字企业加速赋能产业发展,通过商业模式创新、加快数字技术应用不断提升供应链数字化水平,为产业转型升级提供了重要支撑。

第三,互联网应用提升群众获得感,网络扶贫助力脱贫攻坚。互联网应用与群众生活结合日趋紧密,微信、短视频、直播等应用降低了互联网使用门槛,不断丰富群众的文化娱乐生活;在线政务应用以民为本,着力解决群众日常办事的堵点、痛点和难点;网络购物、网络公益等互联网服务在实现农民增收、带动广大网民参与脱贫攻坚行动中发挥了日趋重要的作用。

我国企业数字化建设仍然处于基础设施建设阶段,深层次应用与创新有待进一步提高。在占我国工商企业总数99%的中小企业中,虽然有高达80%的中

小企业具有接入互联网的能力，但用于业务应用的只占44.2%，相当多的企业仅仅是建立了门户网站，真正实现数字化服务、生产与管理全方位协同发展的企业少之又少。

当前，数字经济已成为经济增长的新动能，新业态、新模式层出不穷。在此次疫情中，数字经济在保障消费和就业、推动复工复产等方面发挥了重要作用，展现出了强大的增长潜力。因此，加强企业数字化建设，是企业发展数字经济、抢占新经济"蓝海"当务之急。鼓励企业加大数字化建设投入，积极开展数字经济立法，不断优化市场环境和规范市场竞争，是加快我国企业和市场数字化创新步伐的必然要求。

(二)优化互联网市场环境

目前，市场数字化呈现快速发展趋势，但市场环境仍然不成熟。根据互联网实验室2011年发布的《中国互联网行业垄断状况调查及对策研究报告》，我国互联网行业已经由自由竞争步入寡头竞争时代。但是，由于互联网市场监管法规不完善，处于支配地位的寡头经营者很容易利用技术壁垒和用户规模形成垄断，从而损害消费者的权益和抑制互联网行业技术创新，并由此导致网络不正当竞争行为层出不穷。由于网络环境的虚拟性、开放性，网络恶性竞争行为更加隐蔽、成本更低、危害更大，不仅会损害个别企业的利益，还会影响到公平、诚信的竞争秩序，对数字化市场的发展环境构成严重威胁。因此，优化互联网市场环境势在必行。

综上所述，我国数字经济已经扬帆起航，正在引领经济增长从低起点高速追赶走向高水平稳健超越，供给结构从中低端增量扩能走向中高端供给优化，动力引擎从密集的要素投入走向持续的创新驱动，技术产业从模仿式跟跑、并跑向自主型并跑、领跑全面转型，为最终实现经济发展方式的根本性转变提供了强大的引擎。

第二节 融合发展战略决策

一、大数据驱动产业创新发展

新形势下发展数字经济需要推动大数据与云计算、物联网、移动互联网等新一代信息技术融合发展,探索大数据与传统产业协同发展的新业态、新模式,促进传统产业转型升级和新兴产业发展,培育新的经济增长点。

(一)驱动工业转型升级

大力推动大数据在工业研发设计、生产制造、经营管理、市场营销、售后服务等产品全生命周期、产业链全流程各环节的应用,分析感知用户需求,提升产品附加价值,打造智能工厂。建立面向不同行业、不同环节的工业大数据资源聚合和分析应用平台。抓住互联网跨界融合机遇,促进大数据、物联网、云计算和三维(3D)打印技术、个性化定制等在制造业全产业链集成运用,推动制造模式变革和工业转型升级

(二)催生新兴产业

大力培育互联网金融、数据服务、数据探矿、数据化学、数据材料、数据制药等新业态,提升相关产业大数据资源的采集获取和分析利用能力,充分发掘数据资源支撑创新的潜力,带动技术研发体系创新、管理方式变革、商业模式创新和产业价值链体系重构,推动跨领域、跨行业的数据融合和协同创新,促进战略性新兴产业发展、服务业创新发展和信息消费扩大,探索形成协同发展的新业态、新模式,培育新的经济增长点。

(三)驱动农业农村发展

构建面向农业农村的综合信息服务体系,为农民生产生活提供综合、高效、便捷的信息服务,缩小城乡数字鸿沟,促进城乡发展一体化。加强农业农村经济大数据建设,完善村、县相关数据采集、传输、共享基础设施,建立农业、农村数据采集、运算、应用、服务体系,强化农村生态环境治理,增强乡村社会治理能力。统筹国内、国际农业数据资源,强化农业资源要素数据的集聚利用,提升预测预警能力。整合构建国家涉农大数据中心,推进各地区、各行业、各领域涉农数据资源的

共享开放,加强数据资源发掘运用。加快农业大数据关键技术研发,加大示范力度,提升生产智能化、经营网络化、管理高效化、服务便捷化能力和水平。

(四)推进基础研究和核心技术攻关

围绕数据科学理论体系、大数据计算系统与分析理论、大数据驱动的颠覆性应用模型探索等重大基础研究进行前瞻布局,开展数据科学研究,引导和鼓励在大数据理论、方法及关键应用技术等方面展开探索。采取政、产、学、研、用相结合的协同创新模式和基于开源社区的开放创新模式,加强海量数据存储、数据清洗、数据分析发掘、数据可视化、信息安全与隐私保护等领域关键技术攻关,形成安全可靠的大数据技术体系。支持自然语言理解、机器学习、深度学习等人工智能技术创新,提升数据分析处理能力、知识发现能力和辅助决策能力。

(五)形成大数据产品体系和产业链

围绕数据采集、整理、分析、发掘、展现、应用等环节,支持大型通用海量数据存储与管理软件、大数据分析发掘软件、数据可视化软件等软件产品和海量数据存储设备、大数据一体机等硬件产品发展,带动芯片、操作系统等信息技术核心基础产品发展,打造较为健全的大数据产品体系。大力发展与重点行业领域业务流程及数据应用需求深度融合的大数据解决方案支持企业开展基于大数据的第三方数据分析发掘服务、技术外包服务和知识流程外包服务。鼓励企业根据数据资源基础和业务特色,积极发展互联网金融和移动金融等新业态。推动大数据与移动互联网、物联网、云计算的深度融合,深化大数据在各行业的创新应用,积极探索创新协作共赢的应用模式和商业模式。加强大数据应用创新能力建设,建立政产学研用联动、大中小企业协调发展的大数据产业体系。建立和完善大数据产业公共服务支撑体系,组建大数据开源社区和产业联盟,促进协同创新,加快计量、标准化、检验检测和认证认可等大数据产业质量技术基础建设,加速大数据应用普及。

二、"互联网+"推动产业融合发展

(一)推进企业互联网化

数字经济引领传统产业转型升级的步伐开始加快。以制造业为例,工业机器人、3D打印机等新装备、新技术在以长三角、珠三角等为主的制造业核心区域的应用明显加快。

1. "互联网+"树立企业管理新理念

企业互联网思维包含极致用户体验(User Experience)、免费商业模式(Freemium)和精细化运营(Operation)三大要素,三大要素相互作用,形成一个完整的体系(或称互联网 UFO 模型)。互联网时代对企业生产、运营、管理和营销等诸多方面提出了新要求,企业必须转变传统思维模式,树立互联网思维模式。

运用大数据等现代信息技术实现企业的精细化运营;坚持以用户心理需求为出发点,转变经营理念,秉承极少主义、快速迭代和微创新原则,实现产品的极致用户体验,如腾讯公司、360 公司在用户开发方面的成功案例,即是最好例证。

2. 推进企业互联网化的行动保障

政府通过加大中央预算内资金投入力度,引导更多社会资本进入,分步骤组织实施"互联网+"重大工程,重点促进以移动互联网、云计算、大数据、物联网为代表的新一代信息技术与制造、能源、服务、农业等领域的融合创新,发展壮大新兴业态,打造新的产业增长点。统筹利用现有财政专项资金,支持"互联网+"相关平台建设和应用示范;开展股权众筹等互联网金融创新试点,支持小微企业发展;降低创新型、成长型互联网企业的上市准入门槛,结合证券法修订和股票发行注册制改革,支持处于特定成长阶段、发展前景好但尚未盈利的互联网企业在创业板上市。鼓励开展"互联网+"试点示范,推进"互联网+"区域化、链条化发展。支持全面创新改革试验区、中关村等国家自主创新示范区、国家现代农业示范区先行先试,积极开展"互联网+"创新政策试点,破除新兴产业行业准入、数据开放、市场监管等方面政策障碍,研究适应新兴业态特点的税收、保险政策,打造"互联网+"生态体系。

(二)推进产业互联网化

推进产业互联网化,就是推动互联网向传统行业渗透,加强互联网企业与传统行业跨界融合发展,提高传统产业的数字化、智能化水平,由此做大做强数字经济,拓展经济发展新空间。数字经济特有的资源性、加工性和服务性,为产业互联网化提供更为广阔的空间。总体来说,产业互联网化就是推进互联网与第一产业、第二产业和第三产业的深度融合、跨界发展。产业互联网化的过程即是传统产业转型发展、创新发展和升级发展的过程。

目前,应该以坚持供给侧结构性改革为主线,重点推进农业互联网化,这是实现农业现代化的重要途径;重点推进制造业互联网化,是实现制造业数字化、智能化的重要途径;重点推进服务产业的互联网化,是推进第三产业数字化发展的重要手段。大数据的迅猛发展,加快了产业"互联网+"行动进程。未来一段时间内,大数据将驱动金融、教育、医疗、交通和旅游等行业快速发展。

三、加快信息技术产业和数字内容产业发展

在数字经济时代,发达国家经济增长的决定性因素由要素投入的"规模效应"转变为知识"溢出效应",以信息数字技术为核心的知识密集型产业正在成为新的经济增长点。我国也应该顺应知识密集型产业发展的历史潮流,加快新一代信息技术创新,积极发展数字内容产业,通过产业融合和链条经济推动产业结构升级调整。

(一)加强新一代信息技术产业发展

当前,以云计算、物联网、下一代互联网为代表的新一代信息技术创新方兴未艾,广泛渗透到经济社会的各个领域,成为促进创新、经济增长和社会变革的主要驱动力。2010年10月,国务院《关于加快培育和发展战略性新兴产业的决定》,提出要加快发展新一代信息技术产业,加快建设宽带、泛在、融合、安全的信息网络基础设施,推动新一代移动通信、下一代互联网核心设备和智能终端的研发及产业化;加快推进"三网"融合,促进物联网、云计算的研发和示范应用,这将使数字经济在我国迎来前所未遇的发展机遇。然而,由于我国是在工业化的历史任务远没有完成的背景之下发展数字经济的,因此必须积极通过新一代信息技术创新,发挥新一代信息技术带动力强、渗透力广影响力大的特点,充分利用后发优势推动工业、服务业结构升级,走信息化与工业化深度融合的新型工业化道路。在实践方面,中国移动、中国联通、中国电信三大电信运营商和华为、中兴等电信设备提供商在积极探索、推动以3G、无线上网、宽带接入为核心的信息通信技术的发展,并取得了一定的成果,我国的信息通信产业正在日益成熟。

(二)重视数字内容产业的发展

数字经济已经从"硬件为王""软件为王"进入"内容为王"的时代,数字内容产业正逐渐成为增长最快的产业。然而,同数字经济发达国家比较,我国数

字内容产业在产业链条、产业规划和法律环境等方面还存在一定的差距。首先,发达国家数字内容产业通常以内容产品为核心,通过产业前向和后向关联机制衍生出产业链条;国内数字内容产业则"有产无链",没有充分发挥数字内容产业所蕴含的链条经济效应。其次,当前数字内容产业在各省份、地区蜂拥而上,缺乏国家层面的规划布局,造成重复建设、同质竞争和资源浪费,不利于产业未来做大做强。最后,国内知识产权保护意识薄弱,各种侵权行为层出不穷,严重侵害了数字内容产品开发者的利益,大大抑制了数字内容产业的创新步伐。因此,我国必须统筹制订数字内容产业发展规划,加大知识产权保护力度,以链条经济充分带动数字内容产业的发展。

总之,数字经济在我国已经扬帆起航,正在打破传统的产业发展格局。为此,政府需要从数字经济发展的平台建设、"互联网+"行动计划、重视数字内容产业发展等方面采取措施,推进新形势下我国产业结构调整,提高信息化程度,积极应对数字经济发展。

第三节　共享参与战略决策

一、弥合数字鸿沟,平衡数字资源

目前,我国数字经济发展的最显著优势是网民众多,这有利于我国成功从人口红利向网民红利转变。但是,以互联网为代表的数字革命普及和应用的不平衡的现实仍客观存在。

(一)数字鸿沟的主要表现

从横向观察,数字鸿沟的具体表现形态是多样的,既有微观主体视角下个人、企业层面的数字鸿沟,又有宏观视角下地区、国家层面的数字鸿沟。

从个体层面观察,数字化浪潮中,年轻人可以快速学会并习和使用移动支付、预约出行、网络订餐等数字技术应用,成为数字时代的弄潮儿,而很多老年人则因为传统观念影响、学习能力偏弱等原因,成为数字弱势群体。同时,个体层面的数字鸿沟还表现在性别差异上,国际电信联盟数据显示,2016年全球女性网民数量比男性少2亿以上,而且这个差距还在持续扩大。从企业层面观察,一方面,不同行业的企业之间存在数字鸿沟。国际数据公司(IDC)发布的《2018中国企业数字化发展报告》显示,我国零售、文娱、金融等接近消费端的企业,很多已经接近或完成了数字化转型,而制造业、资源性行业的数字化程度则相对较低。另一方面,即使是在同一个行业内部,企业数字化的程度也有巨大的差异。报告中显示,虽然制造业中有不少数字化转型成功的领军型企业,但依然有超过50%的企业数字化尚处于单点试验和局部推广阶段。

从地区层面观察,我国地区之间的数字鸿沟突出地表现在城市和乡村之间以及东中西部地区之间。第45次《中国互联网络发展状况统计报告》显示,我国9.04亿网民中,城镇网民占比高达71.80%,而农村网民则仅占28.20%。从东、中、西部地区来看,《中国宽带速率状况报告》(第25期)显示,2019年东部地区4G移动宽带用户的平均下载速率最高达到24.60Mbit/s,而中部地区和西部地区则分别较东部低0.93Mbit/s和1.58Mbit/s,表现出了比较明显的差距,即鸿沟。

从国家层面观察,数字鸿沟表现为国家与国家之间数字技术应用水平的差异。其中,最突出的是发达国家与发展中国家之间的数字鸿沟。国际电信联盟数据显示,2017年,发达国家互联网普及率达到81%,而发展中国家仅为41%。当然,有差距就有鸿沟,即使是在发展中国家之间,也存在数字鸿沟问题。2017年,仍有31个发展中国家互联网普及率不及20%。我国是最大的发展中国家,近年来数字经济发展迅猛,2017年互联网普及率已经达到55%,网民人数更是在2020年突破了9亿大关。

(二)数字鸿沟产生的影响

数字鸿沟问题之所以会引起国际社会和我国政府的广泛关注,主要是因为数字鸿沟的存在和持续扩大,会使得基于数字经济的利益分配趋向不均等化,进而产生强者愈强、弱者愈弱的马太效应。从社会资本的角度看,使用数字技术的各类主体,能够快速数字化其原有的关系网络和拓展新的关系网络,并将这些数字化的社会资本转化为新的经济社会资源。而无法使用数字技术的群体,则会因为其只能依赖原有的社会资本而被远远甩在后面。

1. 数字鸿沟使得个体机会的不均等加剧

数字化程度高的地区,学校学生可以通过互联网获取名师课程、在线习题等海量的教育资源,而对于欠发达地区的学生而言,传统的课堂学习仍是获取知识的主要渠道,这势必会进一步拉大本就已经存在的教育机会不均等。受新冠肺炎疫情影响,我国大部分地区的学校都把教学活动从线下转为线上,从而保证了教学的持续进行,但有部分偏远地区的学生一度处于"脱网""半脱网"状态,无法开展正常的学习活动,这就是城乡数字鸿沟的具体体现。此外,工作机会的不均等也因数字鸿沟变得越发凸显。以性别层面的工作差异为例,数字技术的进步正逐渐将女性从数字空间中排挤出去,据国际管理咨询机构埃森哲发布的统计数据,美国计算机行业女性劳动者的占比,已经从1995年的37%降至2016年的24%。

2. 数字鸿沟使得企业竞争的不平等加剧

企业通过数字化转型,可以在市场竞争中占据优势地位,如通过建设智能工厂提升其内部的生产效率,使用电子商务增强其开拓国内外市场的能力等。传统企业由于仍是依托传统的资源禀赋,如劳动力成本优势、自然资源优势等,导致其在数字经济时代的全球竞争中处于弱势地位。此次新冠肺炎疫情在全球的蔓延,促使数字化的生产经营方式展现出巨大的潜力和发展前景。据海关统计数据显示,2020年上半年,虽然总体经济的下行压力加大,传统货物贸易进出口总额同比下降了3.2%,但同期跨境电商进出口表现优秀,增长了26.2%,实现了逆势上涨。

3. 数字鸿沟使得地区发展不协调加剧

从发展机会看,农村地区、中西部一些地区由于数字基础设施不完善、专业技术人员缺乏等,难以发展人工智能、大数据、云计算等相关产业,错失了数字经济发展的重要机遇。相比于浙江、广东、福建等东部地区抢抓机遇,布局数字经济,中西部地区在数字经济大潮面前显得相对沉寂。从发展结果看,城市相比农村、东部地区相比中西部地区,数字产业化、产业数字化的程度都更高,数字化治理更完善,数据价值化挖掘也更充分。此次疫情防控过程中,健康码便是首先在杭州上线,并在推动复工复产的过程中发挥了关键作用。由此,数字经济红利分配格局呈现出城市多、农村少,东部多、中西部少的局面,这势必会进一步加重拉大本已存在的地区发展不平衡、不协调问题。

4. 数字鸿沟使得全球发展不平衡加剧

数字技术传播的过程,同样也是全球财富积累的过程,比如,微软、谷歌等互联网巨头企业的快速成长,成为美国等发达国家经济增长的重要动力源。而发展中国家则受限于自身经济发展水平和数字技术水平,一方面,很难成为数字消费国,无法享受数字技术带来的生产生活便利;另一方面,即使成了数字消费国,也很难实现从数字消费国到数字生产国的转变。这使得发展中国家在全球数字经济红利的分配中处于非常被动的地位。对此,联合国贸易与发展会议发布的研究报告《新冠肺炎疫情危机:强调弥合数字鸿沟的必要性》中强调,数字经济发达国家的市场支配地位可能会因为疫情而进一步增强,这会进一步拉大富裕国家与贫穷国家之间的裂痕,使得全球不稳定因素增加。

(三)弥合数字鸿沟的主要途径

1. 以硬件设施升级为重点弥合"接入鸿沟"

第一,扩大数字基础设施覆盖范围。推动数字丝绸之路建设,持续加大落后国家和落后地区固定宽带网络和移动通信基站的建设投入,并给予充分的资金和技术援助,包括数字基础设施建设的贷款和利率优惠、数字技术专利的适度共享等。同时,创新互联网接入方法,加快全球低轨宽带互联网星座系统部署,为偏远地区提供稳定的互联网接入方式。第二,提高互联网接入质量和传输能力。鼓励宽带技术、5G通信技术的创新与应用,提高数据传输速率、减少延迟、节省能源、提高系统容量,为在线学习、视频会议、智能制造、远程医疗等领域提供关键的支撑。第三,降低宽带和移动流量套餐资费。有序开放电信市场,以市场化竞争倒逼电信企业提高运营效率,降低服务资费。鼓励电信企业面向贫困学生等用户群体提供定向流量优惠套餐,面向中小企业降低互联网专线资费。

2. 以软件服务优化为抓手弥合"使用鸿沟"

一是培育专业化的数字人才队伍。通过组织优秀人才留学访问、跨地区交流等方式,将专业人才作为数字技术传播的桥梁和纽带,吸收发达地区的先进数字技术应用经验,不断提升落后地区群众的数字技能。二是优化数字教育资源公共品供给。各国政府与国际组织应当打造全国性和全球性的数字教育资源公共服务平台,指导教师运用数字化教学设备,提升在线授课技巧;帮助学生熟悉各类数字教育软件，提升在线学习效率。三是助推传统企业数字化转型升级。政府和行业组织应当鼓励传统企业学习数字化领军企业的成功转型经验，为企业运用工业互联网平台、建设智能工厂、打造智慧供应链提供专业技术指导。

3.数字素养培育为特色弥合"能力鸿沟"

明确角色定位，推动形成以政府机构为规划领导者，教育机构为具体执行者，社会力量为辅助者的多主体数字素养培育体系。在这个体系下，包括学生、工人在内的全体社会公民都是数字素养培育的对象。制定培育目标，构建集数字资源收集和鉴别能力、数字知识利用和交流能力、数字内容创造和输出能力、数字安全维护能力为一体的多元化培育框架。倡导有教无类，面向不同家庭背景、不同学历层次、不同工作岗位的群体，将数字素养培育融入家庭教育、学校教育、职业教育、社会教育中，打造全方位的数字素养培育模式。

二、大力倡导大众创业、万众创新

适应国家创新驱动发展战略，实施大数据创新行动计划，鼓励企业和公众发掘利用开放数据资源，激发创新、创业活力，促进创新链和产业链深度融合，推动大数据发展与科研创新有机结合，形成大数据驱动型的科研创新模式，打通科技创新和经济社会发展之间的通道，推动万众创新、开放创新和联动创新。

（一）扶持社会创新发展

数字经济是未来经济发展的新蓝海，蕴藏巨大的商机和展现更为广阔的市场。面对数字经济带来的新机遇、新挑战，政府应该帮助社会创新发展，因为只有创新才能使社会大众从数字经济的金矿里挖掘更多的"金子"。

1.鼓励和扶持大学生和职业院校毕业生创业

实施"大学生创业引领计划"，培育大学生创业先锋，支持大学生（毕业5年内）开展创业、创新活动。通过创业、创新座谈会、聘请专家讲座等形式鼓励和引导大学生创业、创新。积极扶持职业中专、普通中专学校毕业生到各领域创业，享受普通高校毕业生的同等待遇。免费为职业学校毕业生提供创业咨询、法律援助等服务。

2.支持机关事业单位人员创业

对于机关事业单位工作人员经批准辞职创业的，辞职前的工作年限视为机关事业社保缴费年限，辞职创业后可按机关事业保险标准自行续交，退休后享受机关事业单位保险机关待遇。

3. 鼓励专业技术人员创业

鼓励专业技术人员创业,探索高校、科研院所等事业单位专业技术人员在职创业、离岗创业的有关政策。对于离岗创业的,经原单位同意,可在3年内保留人事关系,与原单位其他在岗人员同等享有参加职称评聘、岗位等级晋升和社会保险等方面的权利。鼓励利用财政性资金设立的科研机构、普通高校、职业院校,通过合作实施、转让、许可和投资等方式,向高校毕业生创设的小型企业优先转移科技成果。完善科技人员创业股权激励政策,放宽股权奖励、股权出售的企业设立年限和盈利水平限制。

4. 创造良好创业、创新政策环境

简化注册登记事项,工商部门实行零收费,同时实行创业补贴和税收减免政策。取消最低注册资本限制,实行注册资本认缴制;清理工商登记前置审批项目,推行"先照后证"登记制度;放宽住所登记条件,申请人提供合法的住所使用证明即可办理登记;加快"三证合一"登记制度改革步伐,推进实现注册登记便利化。

5. 实行优惠电商扶持政策

依托"互联网+"、大数据等,推动各行业创新商业模式,建立和完善线上与线下、境内与境外、政府与市场开放合作等创业、创新机制。全面落实国家已明确的有关电子商务税收支持政策,鼓励个人网商向个体工商户或电商企业转型,对电子商务企业纳税有困难且符合减免条件的,报经地税部门批准,情减免地方水利建设基金、房产税、城镇土地使用税;支持电子商务及相关服务企业参与高新技术企业、软件生产企业和技术先进型服务企业认定,如符合条件并通过认定的,可享受高新技术企业等相关税收优惠政策。

(二)规范和维护网络安全

随着移动互联网各种新生业务的快速发展,网民网络安全环境日趋复杂。为此,政府需要加强法律制度建设,提高网民网络安全意识,维护社会公共利益,保护公民、法人和其他组织的合法权益,促进经济社会信息化健康发展。

1. 网民安全感现状

目前,网络安全事件依然对大部分网民构成影响。根据第39次《中国互联网络发展状况统计报告》数据显示,三成以上网民对网络安全环境持信任态度,认为上网环境"非常安全"和"比较安全"的占比为38.8%;而认为上网环境"不太安全"和"很不安全"的用户占比也达到了20.3%。

2. 网络安全事件类型

我国网民面临的主要网络安全事件包括网上诈骗、设备中病毒、木马、账号或密码被盗以及个人信息泄露等情况。各类网络安全事件发生情况如下:网上诈骗占39.1%,设备中病毒或木马占36.2%,账号或密码被盗占33.8%,个人信息泄露占32.9%,另外其他情况为29.5%。初步统计,数据使用管理不规范,个人信息安全保护不力,既损害了公众利益,影响社会安定,又打击了社会公众开放共享数据信息的信心,不利于大数据产业的长远发展,影响我国经济的转型升级。

3. 加强网络安全监管

随着移动互联网各种新生业务的快速发展,网民网络安全环境日趋复杂。为此,2016年11月7日,十二届全国人大常委会第二十四次会议通过了《中华人民共和国网络安全法》,为保障网络安全,维护网络空间主权和国家安全、社会公共利益,保护公民、法人和其他组织的合法权益,促进经济社会信息化健康发展奠定了法律基础。

当前,大数据已从互联网领域延伸至电信、金融、地产、贸易等各行各业,与大数据市场相关联的新技术、新产品、新服务、新业态不断涌现,并不断融入社会公众生活。大数据在为社会发展带来新机遇的同时,也给社会安全管理带来新挑战。针对以上问题,应结合我国实际,借鉴国际经验,尽快启动规范数据使用和保护个人信息安全方面的立法工作。规范数据使用管理,对非法盗取、非法出售、非法使用、过度披露数据信息的行为,开展专项打击,整顿市场秩序。将个人使用数据的失当行为纳入公民社会信用记录,有效净化数据使用环境。同时还要强化行业自律,将有关内容纳入各行业协会自律公约之中,建立互联网、电信、金融、医疗、旅游等行业从业人员保守客户信息安全承诺和违约同业惩戒制度。

(三)树立共享协作意识

移动互联网平台、大数据平台和手机APP等现代信息技术平台的推广运用,使社会、公众的联系愈加紧密。这也为数字经济时代社会协作发展提供了可能。

1. 积极发挥社会组织公益式孵化作用

社会组织本质上是自愿结社,具有平等共享和自发的特点。成员之间平等交流、同业互助的社会关系能够促进良性的创新思维。同时,自发成立的社会组织本身也是一种创业和创新,可以说,社会组织天然地具有创新、创业基因。为了提高创业、创新的成功概率,应该积极发挥社会组织对创业者的公益式孵化作用,弥补国家、政府、企业无法顾及的创业、创新领域。目前,在中关村就有多家社会组织为"大众创业、万众创新"提供全方位服务,比如"民营经济发展促进会""民营经济发展研究院""大学生创新创业联盟""职业教育产业联盟""中关村国大中小微企业成长促进会""中关村创业投资和股权投资基金协会"等,通过开办"创新创业大讲堂""创新创业服务超市""创新创业孵化基地"等,为数以万计的创业青年、众创空间、创业技术企业提供了融资、专业技能、政策法规、办理执照等服务。

2. 坚持共享协作发展

数字经济时代,创业创新发展不再是单兵作战、孤军奋战,而是社会全面共享协作发展。所以,创业创新发展要获得巨大成功必须充分利用移动互联网平台、手机 APP 等数字化服务,加强政府、企业、社会共享协作发展,构建"政府引导、企业主导发展、社会共享协同参与"的数字经济发展新格局。

总之,数字经济发展成果广泛惠及社会民众,这是数字经济发展的根本。所以,弥合数字鸿沟,平衡数字资源,是社会共享参与数字经济发展的基本前提;大力倡导大众创业、万众创新战略行动,是社会共享参与数字经济发展的具体实践;规范和加强网络安全,加紧网络安全法规制度建设,是社会共享参与数字经济发展的重要保证。

第三章　数字经济与安全

发展是第一要务。数字经济大潮奔腾,数字经济发展热浪滚滚。我国经济正处在转变发展方式、优化经济结构、转换增长动力的攻关期,高度重视发展数字经济。在创新、协调、绿色、开放、共享的新发展理念指引下,我国正积极引导数字经济和实体经济深度融合,推动我国经济高质量发展。

数字技术为企业转型和发展带来机会,也提出挑战:一切新场景、新业务、新应用都要直面安全问题。安全的重要性和复杂性与日俱增,没有理由重蹈先乱后治的老路,也承受不起因安全隐患给实体经济带来的代价。安全能力已成"必修课",数字经济要想健康发展,就须全方位提高安全能力。基于此,本章深入探讨了数字经济与安全,分析了数字经济安全的含义、走向等问题,探究了数字经济安全与国家经济安全之间的关系。

第一节　数字经济安全的含义、走向、问题与应对

随着信息化时代的到来,数字经济已经成为我国经济构成中的重要组成部分。工业互联网、5G网络和众多数据中心,组成了庞大的数字网络,将国内的政府、企业和家庭连接互通起来,使得数字经济不断向纵深发展。在这一过程中,数据成为重要的生产要素,贯穿了产业链的各个环节,经济实体与虚拟网络的边界愈发模糊。与此同时,数字化技术带来的数据安全和网络安全等问题也成为全世界面临的重要挑战,深刻影响着数字经济的健康发展,对我国的实体经济也有着深刻的影响。

一、数字经济安全重要性

20世纪90年代以来,以美国为代表的西方国家先后抓住数字革命的机遇创造了经济繁荣。而当前随着大数据、人工智能、云计算等新一代数字技术的兴起,利用新兴数字技术的弯道超车,成为我国等发展中国家实现跨越式发展的重要机遇。党的十九大报告中明确提到了"数字经济"和"数字中国",并指出要推动互联网、大数据、人工智能和实体经济深度融合。2020年以来,党中央又多次强调"新基建"建设,主要包括信息基础设施、融合基础设施和创新基础设施。这些措施突出体现了党中央对数字经济发展的高度重视,同时也体现出数字经济在当前经济社会发展中的重要作用。

(一)数字经济安全直接关系到整体经济社会的发展与稳定

一是从数字经济的地位来看,数字经济在当前全球经济中的重要性不言而喻。据联合国《2019年数字经济报告》统计,2019年数字经济的规模可占到世界国内生产总值(GDP)的15.5%,其中到2022年全球互联网流量将达到每秒150700千兆字节,远超当前平均水平。据中国信息通信研究院测算,在我国,数字经济持续快速发展。2019年我国数字经济规模为35.8万亿元,占我国GDP的比重达到36.20%,预计到2025年,我国数字经济规模可达到60亿元。数字经济在整体GDP中的比重逐年提升,其安全问题也成为制约整体经济安全的关键。

二是从数字经济的影响来看。当前,我国数字产业结构持续优化,产业数字化也在持续推进。农业、工业和服务业与数字技术深刻融合推动各产业剧烈变革,正在不断形成新的经济增长极。产业数字化仍然是未来数字经济发展的"主战场"。同时,传统产业转型升级已经离不开先进数字技术的加持,各领域的数字化转型速度都在加快,数字化正在以不同的方式改造传统产业链,持续带来技术应用创新和生产力提升。产业数字化带来的数字风险也催生出一个新兴业态——数字安全产业。网络防护、杀毒软件、数据加密等数字安全产业的发展将形成新的经济增长点推动经济总量的进一步提升,同时该产业的发展也能极大地提升企业的安全能力,对于数字化治理体系的完善也有着重要意义。

(二)数字技术的自身特点导致数字安全问题影响巨大

一是数字技术与产业全面融合导致安全问题"常态化"。随着数字技术在我国各行各业的全面应用,网络漏洞、黑客攻击等安全威胁愈发频繁,网络安全事件不断增多,对我国的金融、能源、零售等行业产生了巨大威胁。据国家互联网应急中心数据显示,自2015到2018年三年来,全球分布拒绝服务(DDOS)攻击量增加30倍以上,各种黑客攻击和计算机病毒给全球每年带来将近400亿美元的损失;数据泄露问题也更加频繁。据网络安全公司RBS数据显示,2019年前三季度,全球数据泄露事件有5183起;违规收集个人信息的现象也非常严重,部分网络软件会绕过监管强制收集用户个人信息,对个人隐私造成极大的威胁。2019年,中央网信办会同四部委共同开展了针对网络软件违法违规收集使用个人信息的专项整治活动,共惩治应用软件2300余款,但数据泄露问题目前仍然呈愈演愈烈之势。

二是数字技术的深度应用使得安全隐患危害更大产业数字化应用场景十分丰富,同时数字化已经深入到行业内部,与行业内人流、资金流、信息流紧密绑定。企业内部人员流动、门禁、身份验证各流程目前普遍应用数字加密、人脸识别等技术,数字化技术与人员流动深度绑定,企事业单位财务账簿,资金流动基本实现了线上化,无纸化操作将成为未来金融业的主要特点,而今后数字货币的出现也将使得金融行业更加虚拟化;大中小型企业目前普遍使用云服务,并构建专属数据心和内部网络实现信息沟通和文件共享,企事业单位的发文、批复、回函等基本操作已逐步实现数字化。这些现象说明数字技术已经深入到我国政府、产业和家庭的方方面面,但带来效率提升的同时也带来了更多的风险暴露点,尤其是电力、水利、金融等关系国计民生的重要领域,一旦行业内部网络出现安全问题,将牵一发而动全身对实体经济造成重大影响。

三是数字技术的快速迭代使得安全风险更加难以应对。进入21世纪以来,技术创新一直呈现快速迭代的特点,而"摩尔定律"的存在使得数字技术发展极极具跳跃性(摩尔定律指处理器的性能每隔两年就会翻一倍,随之带来数字信息处理速度的快速提高)。政府和企事业单位难以应对的原因主要有两点:从互联网初步诞生到目前工业互联网遍布全球和万物互联的社会形态,也不过30年的时间。当前,随着产业数字化的不断发展,原来的物理世界和虚拟世界的边界愈加模糊。生产、研发、销售环节等都与互联网紧密联系在一起,因此针对基础设施和这些环节的攻击将会使熟悉了传统产业生产销售流程的企业更加难以应对。(2)数字技术的快速迭代使得政府和企事业单位每年都需要投入大量的人力物力来应对,这会大大增加经济主体的成本压力,尤其对于中小企业而言更是如此。这些因素都会导致政府和企事业单位面对数字技术带来的风险出现滞后性和被动性,使得数字经济的安全防范出现"真空"和"灰色地带",从而使得安全问题愈加突出。

二、数字经济安全含义

(一)数字经济安全含义

根据现代汉语词典解释,安全是"没有危险;不受威胁;不出事故"安全是指主观上对内部和外部威胁没有恐惧,客观上不存在或能够有效抵御内外部威胁势力的状态。数字经济安全覆盖面非常广泛,本书主要从技术安全和产业安全阐述。

一是在技术层面,技术安全是在技术安全观的指导下改进安全技术和相应的安全措施,使得企事业单位的软硬件和操作不发生危险的前提下消除可能的威胁。传统的技术安全一般就是保证不出事故,但是在新的技术安全观念下,对于安全的理解应当进一步超前化和人性化,也就是在安全问题出现之前尽量减少甚至消除安全威胁。同时,技术安全还应该更加人性化,技术安全应当能防止人犯错,甚至在一定程度上带来缓冲,对人的犯错有一定的包容。这样的技术安全更加完善,同时也更符合当前的数字经济环境。它有助于我们从技术角度提高安全的级别,最终达到提高安全性的目的。

二是在产业层面,根据李孟刚所著的《产业安全理论研究》,产业安全是指"一国在对外开放的条件下,在国际竞争的发展进程中,具有保持民族产业持续生存和发展的能力,始终保持着本国资本对本国产业主体的控制"。这一定义是从国际贸易和生产过程的安全角度提出的,着重于国家或地区的特定产业在国际竞争中保持自身地位和竞争优势的安全概念。而在数字经济时代,产业面临的安全更多来自互联网和信息基础设施,根据腾讯《2020产业安全报告产业互联网时代的安全战略观》的定义,数字经济时代的产业安全就是"产业生态系统不受威胁的状态,从产业自身可持续发展的视角,利用新一代信息技术保障整个产业生态系统和网络空间的安全"。

三是技术安全和产业安全是相辅相成地相互促进关系。技术安全是产业安全的基础和保障,因为数字技术与产业深度融合带来了网络风险、数据风险、基础设施风险等各种风险隐患,只有解决了技术安全问题,产业安全才能得到保障;同时,产业安全保障下随着产业数字化的深入发展,产业生产效率提升带来生产可能性边界外扩,产业利润增加,从而带来产业对技术安全的投入提高,从而进一步提升技术安全水平,两者相辅相成,是相互促进的关系。

(二)数字经济安全的新特性

一是数字经济时代安全威胁呈现出攻击速度快、破坏力度大的特点。当前产业互联网已经深入到各个行业,一旦重点行业和关键领域遭受攻击,可能会造成极大的社会经济损失。例如,2019年全球很多国家的电力系统遭到了黑客的不法攻击,导致很多国家和城市电力系统暂停运营,由此引发的停电事件使得很多国家蒙受损失;2019年,我国大型工业互联网云平台频繁遭受境外不法分子的攻击,这些攻击具有明显的目的性,且针对领域均为能源、金融、医院等关乎国计民生的重点行业。而随着我国"新基建"的稳步推进,网络设备、基础终端等设施的安全同样需要引起重视。

二是数字经济时代产业安全降本增效应明显。数字经济时代的安全能力不仅保障产业的正常运行,同时还能给企业生产效率和竞争力带来巨大的增益,是数字经济时代企业的核心竞争力之一,尤其在金融和零售领域体现得尤为突出。比如网约车的出现方便了用户出行,但是也带来了很多安全隐患,这时由大数据身份验证和智能筛选带来的安全体验将大大减小乘客的安全顾虑,从而提升网约车的上座率,大大提升网约车企业的行业竞争力;金融领域客户资金和信息安全是重中之重,银行、保险、证券和信托等金融行业需要随时进行大量资金和交易和划转,一旦数据安全和网络安全出现问题将带来几亿甚至是几十亿元的损失,银行的安全防护能力便成为企业和个人选择银行的主要考量因素,对银行业务的顺利开展有着十分重要的意义。

三、数字经济安全内涵演变与趋势

(一)产业安全内涵的演变

产业安全的内涵并不是一成不变的,其含义随着时代的发展不断完善丰富。从最初的农业经济时代到当前的数字经济时代,产业安全的内涵大致跨过了四个阶段。

一是农业经济时代,全球的产业结构以农业为主,所有的生产技术和生产组织模式都是适应农业生产而产生的。这个时代的产业安全和技术安全主要围绕粮食安全来展开。种植技术、育种技术、杀虫技术等农业技术的进步保证了人们食用的粮食的质量稳步提升,同时农业技术的进步也进一步保障了农业产业的安全。

二是工业经济时代,全球生产力得到极大提升,工厂逐步取代手工作坊成为新的生产组织形式。生产者、消费者和监管者在此时同步出现,共同组成了庞大的市场。此时的产业安全和技术安全涵盖面也急剧扩大,技术安全不仅要保障生产者的安全生产,同时也要保障消费者安全和市场环境不受破坏,产业安全内涵被进一步外扩,从单一的生产者消费者链条扩展到了整个市场,实现了由线到面的变化。

三是信息经济时代,互联网的出现极大地方便了人们的日常生活,同时也进一步解放了传统产业的生产力;计算机的出现提高了制造业等工业行业的计算能力,使得原来人脑难以计算的问题迎刃而解,极大地提高了技术研发和创新的速度。在这一时代,由于信息爆炸,海量信息通过互联网迅速传播,因此信息安全便成为这一时期技术安全和产业安全的主题。

四是智能经济时代,产业安全的内涵随着技术与产业的发展发生了新变化。工业互联网和物联网的出现大大模糊了现实和虚拟的边界,产业逐渐演变为一个生态系统,因此需要从网络空间或产业生态系统的角度看待新形势下的产业安全。

(二)数字经济安全内涵演变

从互联网出现开始,数字经济自身发生巨大变化,尤其是最近十年消费互联网逐渐演变为产业互联网,其自身内涵也发生了改变,数据安全内涵也在变化,这些改变集中体现在如下方面:

1. 数字经济安全的价值

产业互联网时代的数字安全不仅能提高企业自身的安全防护能力,避免企业因遭受数据泄露和黑客攻击而发生较大损失,且能提高企业安全防护能力,有效避免数据泄露和恶意软件黑产攻击等问题降低企业运营成本。同时在保证企业生产不间断的情况下有效降低企业的停工率,从而大大提高企业的运营效率。

2. 数字经济安全的战略意义

传统的消费互联网时代，企业更多地需要技术来保证自身相较于其他企业更强的实力和先进性，在互联网技才术普遍还比较落后的时代，应用技术能力的高低是数字经济的重点。但是在产业互联网时期，技术已经普遍较为成熟，技术能力已经不再是决定数字经济安全的重点，而在于企业是否能够从组织变革的角度将数字安全放在企业能力的突出位置，能否赋予其战略级的优先地位。

3. 数字经济安全的主体

在消费互联网时代网络并没有触及社会的方方面面，网络攻击的主要对象主要是网络中比较独立的个体和企业，但是在产业互联网时代，由于万物的互联互通，针对个人和企业的攻击很容易就通过互相连接的紧密网络迅速蔓延到其他个体，因此独立个体的威胁在现在的时代很容易转变为对整个产业生态系统的巨大威胁，形成难以应对的系统化风险。

4. 数字经济安全的威胁方

过去消费互联网时代，企业和个人面对的网络威胁主要来自病毒的侵扰和网络黑客的攻击，预防的对象也是这些相对比较独立的个体。但是在产业互联网时代独立的黑客和病毒制作者已经形成了有组织的黑灰产组织，这些组织一般具有专业化和国际化的特点，同时内部组织严密，运作效率极高，一些曾经少见的高频且规模化的攻击手段如今愈发常见，令政府和企业难以招架。

5. 数字经济安全的管控范围

由于消费互联网和产业互联网在网络覆盖范围以及复杂程度方面存在较大差异，因此数字经济安全的管控范围也发生了较大变化，由传统安全的一般局部防御向一体化攻防体系转变。由于网络复杂程度的急剧增加和覆盖范围的高速扩张，当前网络环境对数字防控技术和体系提出了极高的要求，传统的针对独立个体和企业的局部网络已经难以应对如今复杂且成规模的网络威胁，因此当前的网络防护要从局部防御转向整体防御，单纯防御转向攻击和防御并重的一体化攻防体系。

6. 数字经济安全能力的要求

随着产业互联网时代网络复杂程度不断提高，网络自身和实体联系得更加紧密，边界也愈加模糊。网络安全技术今后的发展方向也需要相应作出改变。网络安全不应当如以前只是简单地对网络进行"修补"，而是应当在出台网络发展规划的同时加入网络安全解决方案，实现安全风险检测、预警和修复的自动进行，同时当前网络攻击逐渐难以防范，构建全面的安全防护体系和制定完善的安全策略就显得极为重要。

(三)数字安全变化趋势

1.数据安全将得到极大改善

随着《中华人民共和国民法典》《中华人民共和国数据安全法(草案)》《中华人民共和国个人信息保护法(草案)》的出台，我国针对公民个人、企业和政府的信息安全保护法律体系逐步完善。数据作为信息的主要载体，在数字经济时代未来会越来越被重视。可以预见随着包含个人、企业和政府的信息保护体系的构建，个人信息保护意识将进一步加强，在数字经济时代，企业数据信息和自身经营深度绑定，通过部署企业云技术和独特的数据加密算法，企业数据安全在未来将有质的飞跃；政府数据关系到国计民生的方方面面，当前随着数字化政府服务的稳步推进，公民个人和企业信息将越来越多地储存到政府的数据库中。为了保护这些数据安全，政府不断大量招聘信息技术人才，并且与腾讯、阿里等企业展开合作，配备了最先进的数据安全保护技术。综上，未来我国的数据安全情况将得到极大改善。

2.网络攻防将更加智能化

进入数字经济时代之后，人工智能技术(AI)作为近十年新兴的互联网信息技术步入了快速发展期，并在各行业的网络安全防护中被普遍应用。

(1)在金融安全领域，银行等金融机构已经熟练使用人工智能系统进行金融投资和资产管理，而在安全领域，人工智能技术能协助客户在受到网络攻击后核对财务账目，清点财务损失，避免财务风险，同时恢复账户密码，保护客户个人信息。

(2)在恶意软件检测领域，人工智能技术通过机器学习算法，对恶意软件的行为进行分析并推理，能够有效检测出伪装中的恶意软件。在分析大量数据时，人工智能技术的智能化响应能够在恶意软件打开之前察觉到其异常行为，然后识别恶意软件的类型并及时提醒安全工程师进行删除操作。

（3）在网络反击领域，人工智能技术也体现出巨大的技术优势。由于黑客也会使用人工智能技术进行网络攻击，甚至开发出种智能恶意软件，可以根据攻击目标的具体情况进行差异化攻击，因此在未来防护时技术人员也会根据智能化恶意软件开发出有针对性的智能防护技术。网络攻防犹如"矛与盾"的关系，实力往往是此消彼长，人工智能在防护领域往往跟随着攻击技术的革新同进步。

3. 数字安全防护体系更加全面完善

（1）从安全防护主体来看，由于数字安全问题具有广泛化频繁化的趋势、同时治理过程涉及法律、标准、技术和实际投入等各方面，因此需要政府、企业、行业协会、高校、研究院所和个人的共同协作，形成信息共享、完美协作、能力互补的数字安全防护体系。

（2）从产业供应链来看，产业的数字化转型会加速产:业供应链上下游企业的合作和兼并重组，实现更高水平的信息共享和业务交流，这就导致产业互联网暴露的风险点更多，同时企业网络的重联互通使得单一的安全风险可能向供应链上下游基廷，可能造成严重的安全事故。因此这一威胁在未来会促进产业供应链上下游加强合作，形成更为紧密的上下游安全网络。

4. 黑灰产治理取得明显效果

黑灰产是指电信诈骗、钓鱼网站、木马病毒、黑客勒索等利用网络开展违法犯罪活动的产业链条。在未来由于数字网络在全社会的全面部署，网络犯罪有了更多可乘之机，同时黑灰产在数字技术的加持下也更加专业化和产业化，整体的反侦察、反监管能力也得到极大提升，这给未来的黑灰产治理工作带来了极大的挑战。但是随着我国数字安全产业的快速发展，顶级互联网企业纷纷建立专业安全团队治理黑灰产问题，并将安全防护能力向全网输出。同时在公安部、网信办等政府单位的带头引领下，各方主体纷纷采取制定法律法规和研发先进技术等多种手段，构建起黑灰产治理的协同网络，相信在未来黑灰产的蔓延趋势将得到有效遏制。

四、数字经济发展面临的安全挑战

数字经济快速发展的同时也面临着巨大的数字安全风险。这些安全风险的危害由于数字经济自身的重要地位和影响向会被无限放大。同时由于在数字经济时代,数据资源成为最重要的生产要素。

各产业内部通过应用信息通信技术,以工业互联网为主要载体开展生产行为,而物联网的出现使得产业内人、财、物都直接接入工业互联网,从而实现产业业内全生产要素的数字化转型。产业内生产要素、生产技术和生产组织形式的巨大变化给当前的数字经济安全带来了严峻挑战。

(一)数据安全问题呈愈演愈烈之势

在数字经济时代,数据已经成为土地、资本、劳动和技术之外的第五大生产要素,受到政府和企业的重要关注。数据安全问题不仅与个人隐私息息相关,也深刻影响到企事业单位和国家的方方面面。当前,在大数据、云计算环境下,数据的收集、传输、使用过程已暴露出严重的数据安全问题。

一是在国家层面,国家的能源、电力、交通运输等关系国计民生的重要行业都基本实现了数字化转型,即使这些重点行业构建的是自己的内部网络,但是数据安全事件仍然非常频繁,根据《2020年数据泄露调查报告》,2020年共有81个国家发生了3950起数据泄露事件,涉及国家金融系统、国土资源和能源安全等各个领域,造成了极其严重的危害。

二是在企业层面,在数字经济时代无论互联网公司还是普通企业都长期处在数据泄露的风险之中。由于当前数据价值逐年提高,员工和企业数据遭受黑客攻击和网络病毒的攻击越来越多。根据IBM发布的《2019年数据泄露成本报告》,当泄露数据在100万条以上时,损失就会达到4200万美元。此外,由于新一代工业互联网在企业内的应用,企业内部人财物都统连入网络,数据也普遍接入云端,如果企业对数据安全不重视就会导致企业数据完全暴露在网络威胁之中。同时,企业数据泄露不仅使其遭受重大损失,还可能受到来自监管层的巨额罚款。2018年万豪旗酒店预订数据库中客人信息泄露导致其被英国监管当局罚款人民币约1.59亿元。

三是在个人层面,个人隐私信息泄露已经十分常见。当前,个人手机号、身份证号、住址、存贷款记录等隐私信息的泄露案件频发,倒卖用户信息的果色产业链条长期存在,即使在指纹支付、密码加密等技术的应用下,个人信息泄露情况也时有发生。以用户手机号为例,由于当前网络插件普遍推行手机号注册账户,个人手机号逐渐成为公民信息的"钥匙",成为黑灰产盗取的主要目标,各种盗用、购买公民手机号的行为愈演愈烈,导致诈骗短信、诈骗电话屡禁不绝。

(二)数字化差距成为安全防护重要阻碍

虽然数字安全能力逐渐受到政府和企业的不断重视,但是从地区和行业角度来看,我国各地区的数字经济发展水平存在巨大差异,数字经济安全防护能力也差距巨大,这对建立全国统一高效的数字经济安全保障体系产生了极大的阻碍。

一是在区域层面,我国数字经济发展水平呈现明显的极化现象,省级单位中的头部省份占据了全国数字经济份额的绝大部分。南部的粤港澳地区与华东沿海地区的数字经济实力要明显强于中西部和北部地区。根据赛迪顾问发布的《2020中国数字经济发展指数》,处于头部的广东省、江苏省、北京市、浙江省和上海市其数字经济实力是居于末尾的西藏、青海、宁夏等地区的近8倍。由于各个地区数字经济实力差距巨大,各地区在新基建和安全防护体系建设上的投入差距也较大,这导致数字经济发达地区的安全防护能力也远超落后地区,使得落后地区的数字经济安全问题更加突出。

二是在行业层面,我国实力较强的企业都纷纷加速数字化转型。但由于不同行业产业结构和性质不同,对数字化的接受程度也不尽相同。不同行业、不同企业间数字化程度差异较大。根据国家工业信息安全展研究中心发布的《中国两化融合发展数据地图(2018)》显示,不同行业对于数字化安全建设的实际投入程度和进展存在较大差异。一般来说,与普通客户接触较多、消费收入占比较高的行业对数字化的接受程度更高,也愿意投入更多资源用于数字安全防护,因此总体上金融业、零售业、汽车制造等行业信息化、数字化程度相对领先,数字安全防护能力也较高,而农业、制造业和建筑业因为并不依靠针对普通消费者的消费收入,因此数字化程度相对不足。

三是在企业层面,由于不同企业自身规模体量、资金实力和主管人意愿等各种因素的作用,不同企业在数字安全方面的投入力量并不相同,呈现巨大的数字落差。因此企业之间对于数字化转型的态度决定了企业数字安全技术领域的投入和数字安全能力建设的力度,这也会决定数字经济时代资源配置的方向和企业未来的发展轨迹,因而这种差异化会对整体数字经济防护体系的建设产生威胁。

(三)数字鸿沟对社会治理提出新要求

数字技术本身是项新兴技术,因此在普及化过程中由于社会中不同年龄群体里设备普及率、技术渗透率和自身接受能力的差异,不可避免地会出现"数字鸿沟"现象,总有一部分人群和部分地区会由于自身条件的限制而被数字技术的发展隔离在数字体系之外。

随着数字经济在各行业的不断渗透,不同群体之间的"数字鸿沟"呈现不断扩大的趋势。据统计,截至2020年6月,我国互联网的普及率已经达到67%,但其中60岁及以上的老年网民占比仅为10.3%,而60岁及以上人口占总人口比例接近20%,这些数据说明我国的老年人很多对数字技术并不熟悉,同时也难以逾越这一"数字鸿沟"。因此在数字经济安全防控领域,老年人群体和落后地区自然会成为安全防控的薄弱点遭受重点攻击,这从网络诈骗多高发于老年人群体就能直接看出,因此在未来的数字经济安全防控领域应当重点关注老年人群体和经济不发达地区。各类公共服务机构和互联网企业也应该承担更多的社会责任,为老年人等弱势群体考虑,开发更多更简便的产品和服务,从而为老年和特殊群体提供生活便利,提升其生活质量,并使其免于数字安全风险的侵扰,提升数字社会的温度。

(四)数字货币和数字资产给安全防护带来新难题

随着当前支付交易逐渐线上化,微信、支付宝钱包等线上支付工具越来越受到人们的推崇,这是货币数字化给人们带来的方便。但是微信和支付宝钱包还远远不是数字货币,无法实现在全社会的随意流通,而央行目前正在研发的数字货币在未来将逐步取代微信和支付宝等交易支付工具,成为人们生活中随处可见的真正货币。除了数字货币之外,比特币、天秤币等"货币"也是常见的数字货币类资产,此外,一切可以积累、交易与流转的数据都可以称作数字资产。

在数字经济时代,我们日常生活中的行为都无时无刻不在创造着数据,包括浏览网页、搜索信息、发送邮件、网上购物等留下的数据都是企业和政府的宝贵数据,对数字经济社会的正常运行起到重要作用。因此我们每个人,做的每件事都是可以数字化的,并成为企业的数字化资产。以Facebook为例,其市值超过1000亿美元,但账面资产仅有66亿美元,这中间的差额便来自其拥有的数字资产:巨量的活跃用户、大量的评论、照片和好友关系。这些数据在工业社会和农业社会没有任何用处,但是在数字经济时代,流量就代表着金钱,企业的这些活跃流量数据会对企业精准营销、广告宣传和发展方向起到重要影响,决定了企业在一段时间内能取得的收入范围。

在看到数字货币和数字资产作用的同时,我们必须认识到数字货币的发行、流通以及维护面临着严峻的安全威胁,数字化资产也面临着随时可能被窃取代的风险。同时,一旦数字货币和数字类资产今后可以在社会上流通交易,就会面临金融领域内常见的如金融诈骗、勒索等一系列金融安全问题。因此,数字化技术风险与金融风险的叠加将给未来数字货币的顺利推行和数字资产的正常交易带来巨大的不确定性,这需要未来法律制定者、技术专家和金融领域专家共同合作,研究出针对数字货币发行流通和数字资产交易流转的安全解决方案,构建涵盖政策法律、经济管理和技术支持的安全体系框架,来保证数字货币和数字资产能够在未来安全稳定地流通,满足数字社会经济运行的需要和民众生活便利化的需求。

五、数字经济发展的安全应对措施

(一)加强顶层设计,制定长远的数字经济安全发展战略

数字经济安全保护体系本身是一个系统化的长期工程,涉及国家、政府、企业和普通民众等多个主体,影响到社会生活的方方面面,因此要实现数字经济安全的稳定发展,就需要以全局性、系统性的视角来制定长远、缜密的发展战略。

(1)应做好"十四五"期间网络信息领域的规划编制工作,做好重点信息领域的重大工程规划,确定未来五年内的重点技术攻关领域,同时在大数据、人工智能、云计算、工业互联网等重要技术领域做好发展战略规划。

(2)逐步完善数字经济安全各主体的协调机制。以国家治理体系和治理能力现代化的要求为出发点,明确政府、企业和个人在数字经济安全中应当承担的责任,健全各个层面的协调机制,使得网络安全、数据安全防护能够顺利开展,安全响应能更加快速及时。

(3)健全相关配套体系,包括网络安全、数据安全的标准,网络防护技术人员培训体系和晋升体系,数据安全后续维护服务体系的开发等。

(二)加大研发力度,加快掌握数字网络安全核心技术

数字经济技术安全是产业安全的基础和保障。要实现数字经济安全,就必须掌握先进的互联网安全核心技术,包括网络攻防、数据保护、智能预警等技术。而要实现对先进数字技术的掌握,就需要加大人力物力投入,从关键技术领域精准发力,这样才能有效提高数字经济安全防护能力。

(1)加强对密码保护等关键技术的研发。密码保护技术能够保障政府和各产业内数字资源的安全,对数字资产的正常生产流通有着十分重要的意义,我国相关领域还比较落后,因此需要进一步加大投入。

(2)加强人工智能在网络安全领域应用的研发。人工智能在未来的网络风险识别、智能攻防领域有着重要的作用。人工智能技术可以通过日常监控分析精准发现海量数据和网络流量中隐藏的威胁,并及时反馈给安全工程师从而实现及时的安全防护,从而大大提高安全保护效率。

(3)建立强大的数据安全保护系统。数据安全一直是数字经济社会中面临的主要安全问题,当前的数据安全系统大部分都来自国外,因此需要我国加大研发投入,发展具有独立知识产权而又性能先进的安全系统。

(4)加大对专业技术人才的培养。人才是科技创新最重要的影响因素,但在数字安全领域我国的人才短缺现象非常严重,因此需要进一步加大资金和教育投入,建立完善的网络安全人才培养体系,加大数字安全人才储备力度。

(三)加强防护力度,保障关键信息基础设施稳定运行

《2020年国务院政府工作报告》正式提出重点支持新型基础设施建设,也就是文件中经常提及的"新基建"。"新基建"领域具体包括5G网络基础设施、大数据中心、工业互联网、城际高速轨道等,这些基础设施的共同特点就是以数字化网络为主要信息传播教体,有些甚至是现代互联网中的重要节点,因此这些关键信息基础设施的安全稳定运行就显得极为重要,需要做到以下几点:

(1)加强关键网络基础设施的智能预警。对于政府内部网络基础设施、5G网络节点以及其他关键行业要建立网络安全的预警系统,对于可能发生的重大危险要及时识别和报告。

(2)定期对关键信息基础设施进行安全防护程度评价。关键信息基础设施的运行情况、安全防护水平在不同地区可能存在较大差异,因此需要建立评价

体系对各地各行业的关键信息基础设施进行有效整体评价,从而能更有针对性地发现基础设施防护中存在的问题,有利于存在缺陷的部门和行业进行及时改进,实现全国和全行,业数字防护水平的共同提高。

(3)加强对数据资产安全的防护。数据资产在未来社会经济运行中占据着重要地位,是未来企业和个人生产生活必备的主要资产类型,因此其安全防护就显得极为重要。数据资产的防护需要国家、行业协会和企业共同制定界定标准和安全保护规则,同时建立数据资产保存、交易和管理的平台,采用大数据安全技术降低数据资产安全风险。

(四)加快制度法规建设,推动数据安全保护立法

(1)建立完善的数据安全法律体系。目前我国的网络安全法律体系已基本形成,但是法律之间对网络违法犯罪行为边界界定仍然较模糊,而在数据资产交易和管理领域仍存在大量法律空白需要填补,因此还需要进一步厘清不同法律之间的边界,避免出现对同一违法行为和主体的不同描述,也需要不断紧跟数字经济发展潮流,加快在数据安全领域的立法进度,同时也要重视未成年人在网络安全中的特殊地位,加快未成年人数据安全保护条例的制定,构建完善的数据安全法律体系。

(2)加大数据安全执法力度。通过建立完善的网络安全执法工作规范,保障网络综合执法有法可依,同时完善网络综合执法协调机制,协调各主体参与到网络安全执法中,加大数据安全执法力度并开展一系列针对数据安全的违法专项整治行动。

(3)进一步加强普法教育,提升全社会的数据安全守法意识。应加强对企业组织的数据安全普法教育,尤其是储存大量民众数据资源的互联网和金融企业,提升其数据安全防范意识,同时加强面向公民的数据安全法制宣传,充分利用网络渠道开展数据安全教育。

(五)深化国际合作,推动建立国际数字安全合作体系

(1)积极参与国际互联网组织的交流合作。加强与国际数字经济发达国家的沟通交流,并建立长效沟通机制,并加强与"一带一路"沿线国家的数字经济合作,提升我国在数字经济领坡的话语权和规则制定权。

(2)深度参与数字经济发达国家的技术合作。由于我国数字经济发展起步

较晚,在法律法规、技术能力和数字经济管理领域都与世界先进水平有较大差距,未来应当积极参与数字经济领域的法律。技术和经济论坛,积极学习世界先进的数字经济社会治理经验。不仅能够加强先进的数字技术人才的培养,同时也能进一步缩小我国数字安全防护水平和先进国家的差距。

(六)创新思维,构筑企业全面安全免疫系统

产业互联网时代,安全已经成为企业的核心竞争力之一,需要企业从战略角度重塑企业安全防护体系,构建全面的安全免疫系统。这就需要从情报、攻防、管理和规划四个方面分别着手进行。

1. 情报是前提

数字经济时代,获取信息的快慢往往是攻防双方取胜的关键。对于企业安全运营者,及时的威胁情报能使其快速进入响应处置状态,使企业能够提前布局防护措施,减少网络攻击的损失。因此通过建设威胁情报共享平台,提高威胁情报的快速发现、响应能力是构建主动防御生态系统的关键。例如,企业安装的主动防御系统配备有安全威胁情报中心,能对大量安全数据进行分析,自动识别安全威胁,形成安全情报库,提升威胁情报能力,形成威胁情报生态体系,并在此基础上构建主动防御系统让企业在威胁预测、感知和响应上占据有利地位,从而更好地维护企业安全。

2. 攻防是本质

在数字经济时代,产业互联网面对的网络威胁往往是不间断且成规模的,这就要求数字安全防控体系不能仅仅是被动地防御,而应该主动了解黑灰产的攻击特点和攻击模式,针对可能面临的安全威胁主动出击,从源头消灭威胁来源,这样才能保障企业数字安全的长远保障。在这一过程中,攻防双方会不断寻找对方的结点,研究对方的思维和应对策略,这就要求企业安全防护方要不断研究黑灰产攻击的特点并探索应对黑灰产的攻击方法。此外,攻防博弈中大数据、人工智能等技术的应用不断带来创新,会产生新的安全防护模式和新产品,从而使企业的网络攻防能力不断精进。

3. 管理是必要手段

数字经济时代的网络安全防护需要分析大量安全数据,同时综合分析各个信息来源并快速做出决策,这不仅在信息处理能力上提出了较高的要求,同时

也要求企业具备较高的综合信息管理能力,这是不断加码的复杂安全需求背景下的必然趋势。这需要企业拥有前瞻的安全管理理念、丰富的安全管理经验和技术来形成科技化、精细化、智能化的网络安全管理能力。

4. 全局规划是基础

数字化安全问题贯穿企业研发、生产、流通、服务等全过程,其中无不涉及安全需求,业务庞大且复杂,因此要解决这一安全问题,需要企业从战略角度进行全局规划。(1)从国家层面出发,网络安全是国家安全的重要组成部分,是国家安全的基础。(2)在行业层面,企业在制定未来发展规划时,需要将安全纳入发展的战略规划,从企业经营的战略视角规划安全,使企业形成咨询、开发、建设、运维的IT全生命周期的安全体系。

六、数字经济安全典型应用工业互联网的安全

工业互联网是当前我国制造业数字化转型的重要抓手,将加速我国从"中国制造"向"中国智造"转型。工业互联网通过智能化机器将企业内设备、生产线、工厂、供应商紧密连接起来,实现工业企业内部土地、生产设备、人力资本和数据等生产要素的共享,从而通过自动化的生产方式降低成本,推动制造业转型发展。由此可以看出工业互联联网是将数字技术和传统工业技术结合起来的现代化生产网络。这一网络可以利用海量的数据,通过计算机软件分析和大数据模拟更快速地对生产需求进行响应,并帮助生产者作出决策,从而以智能高效的方式帮助企业生产运营。

根据工业互联网产业联盟编制的《工业互联网安全总体要求》,工业互联网的安全保护范围主要包括以下几个方面:

(一)设备安全

工业互联网设备安全指工业智能装备和智能产品的安全,包括操作系统与相关应用软件安全以及硬件安全等。工业互联网内部的设备有很多种,一般企业内常用的有智能传感器、工业机器人、智能仪表等智能产品。一般大型工业企业设备都是数以万计,如此多数量的工业设备接入工业互联网必然会对网络安全带来极大风险。由于很多工业设备在接入互联网之前并没有相应的安全设计,因此接入互联网后并不能保证设备不受网络攻击,同时工业互联网自身边缘层对大量非标准化的工业设备的感知和安全监控也不足,这导致一旦少数

工业设备被病毒攻击,大量的设备和网络会因为互联互通而处于网络风险之中。因此需要在设备层面就要设计出适配工业互联网安全防护需求的工业设备。

(二)控制安全

工业互联网控制安全指生产控制安全,包括控制协议安全与控制软件安全等。工业互联网的控制一般具有协调性强和部署速度快的特征,这是工业互联网处理海量数据和进行复杂计算的必然要求。因此工业互联网需要配备大量的云端服务器和数据库,但这些数据库和云平台的架构并不一致,这就给工业互联网部署安全防护措施,进行安全配置带来了很大的挑战。每一次的安全设置和安全软件更新就必然要做好云端服务器和数据库之间的协调,并要在部署安全防控措施的同时保证服务器和数据库的响应速度和协调性不受影响。这对企业生产安全防护能力提出了很高的要求。因此,企业需要投入大量精力研究工业互联网的控制安全以实现各个平台和数据库的完美协作运行。

(三)网络安全

工业互联网的网络安全指工厂内有线网络、无线网络的安全以及工厂外与用户、协作企业等实现互联的公共网络安全。工业互联网需要同时为许多生产者提供大量数据处理和计算服务,并且要同时调动数以万计的工业设备,因此其网络内部十分复杂精妙。多服务多应用的复杂协同一方面使得工业互联网的功能更加强大,另一方面又使得工业互联网的实体网络和虚拟网络复杂度增加,给网络安全防护带来很大的难度。因此,生产者需要创新网络安全防护机制和安全防护算法来有针对性地应用到工业互联网中,从而解决工业互联网的复杂网络安全问题。

(四)应用安全

工业互联网应用安全指支撑工业互联网业务运行的平台安全及应用程序安全等。工业互联网的应用具有协同工作、开放定制的特征。这一特征虽然满足了工业互联网的复杂计算和功能多样化需求,但也带来了一些问题。(1)大量应用需要协同工作、共享数据,这容易导致网络病毒的蔓延,需要严格对应用之间的信息交流进行管控。(2)应用之间相互开放权限,容易给黑客带来可乘之机,黑客容易伪装工业互联网内部应用获取开放权限窃取数据。(3)为了保证应用的开放定制,工业互联网上存在许多未知的应用发布者,容易带来大量存在安全隐患的应用,因此需要对平台上的开发者进行身份核实和展示,并进行实时的安全管理和运行检查。

(五)数据安全

工业互联网数据安全是指工厂内部重要的生产管理数据、生产操作数据以及工厂外部数据(如用户数据)等各类数据的安全。工业互联网包含的数据主要有平台运营数据、企业管理数据和外部数据。这些数据来源复杂,结构不同,数量巨大,同时还需要在大量应用之间共享。工业数据来源复杂导致可能的攻击来源增加。结构不同导致安全处理分析难度提高,数量巨大导致安全数据集中分析耗时费力。这些特征给工业互联网的数据保护带来了极大的困难,因此需要针对工业互联网的这些特性采取更高级的数据安全防护措施,这使得多源异构数据的安全保护成为许多企业安全技术研发的重点。

第二节　数字经济安全与国家经济安全的关系

当今世界,一个国家的安全很大程度上依赖于这个国家的经济实力,而数字经济是决定国家经济安全的重要因素之一。数字经济作为国家经济增长的新动能,其安全与否对于国家经济是否平稳运行、是否能够抵抗危机非常重要。一旦数字经济存在安全问题,将对国家经济造成严重威胁。因此,数字经济的发展应该与安全并重,在确保安全的前提下谋求可持续健康发展。

一、国家经济安全概念

关于国家经济安全的定义,学术界争论不一。目前关于国家经济安全定义的主流观点主要包括两种:即状态说(国家经济处在不受破坏的状态)和能力说(国家具有较强的实力抵御内外经济威胁)。此外,也有学者提出了不同的见解,如叶卫平在《国家经济安全定义与评价指标体系再研究》中对国家经济安全内涵做了新的诠释,即一个国家经济的基本制度和主权没有受到破坏、危机可控,国家的经济战略利益处于无风险或低风险状态。

综上所述,评判一个国家的经济安全可以从三个特征考虑:(1)目的性,即国家发展要以国家经济安全稳定为目标,行稳才可致远,不能为谋求发展而罔顾经济安全,丧失了可持续发展能力。(2)状态性,即国家经济安全处于一种经济利益不受破坏、经济发展均衡稳定、经济风险可控的状态。(3)能力性,国家经济具备抵抗各种破坏威胁因素及防范化解经济危机的能力,才可称之为经济安全。

二、数字经济安全与国家经济安全的关系

(一)数字经济安全是国家经济安全的重要保障

1.数字经济推动我国经济转型升级

当前,我国经济已由高速增长阶段转向高质量发展阶段,数字技术的赋能为我国经济持续增长添薪续力。数字经济的蓬勃兴起,也让大批互联网企业得以如雨后春笋般迅猛发展。对比2010年和2020年,中国市值TOP10榜单经历了重新"洗牌",腾讯控股、阿里巴巴、台积电、美团、拼多多5家互联网科技企业荣登TOP10榜单,而传统制造业和金融企业,如中国石油、中海油、中石化、中国神华、中国银行、农业银行已掉落榜外。

疫情防控期间数字经济有效助力我国抵御经济下滑风险。2020年1月新冠肺炎疫情暴发以后,由于隔离防控、交通运输管制等措施,企业大面积停工停产,2020年一季度多国GDP增速为负值,全国经济萎缩严重。数字经济由于其"线上化""无接触"等特点,为国家抗疫防疫、企业复工复产、社会公民恢复正常生活提供了有力帮助,为中国经济增添了发展韧性,成为抵抗经济下滑风险的重要支撑力量。比如,多地先后出台健康码,通过数字技术精准分类识别居民健康状态,在提高疫情防控效率的同时,也为疫情防控期间企业复工复产、人员可追溯流动提供了科技支持。腾讯、阿里、字节跳动等互联网科技公司纷纷推出在线办公或会议软件,满足了企业远程开工的需求。金融服务方面,各大银行纷纷加大线上金融服务力度,邮储银行推出客户经理云工作室,通过为客户提供一个全天候的线上服务窗口,满足客户"足不出户"的金融需求。

2.数字经济有助于提升国家经济安全水平

中国信通院发布的《中国数学经济发展白皮书(2020)年》一文中,提出了数字经济"四化"框架。可更清楚地分析数字经济如何助力借助这个框架,国家经济安全。

(1)价值化数据应用方面,传统银行或互联网银行可以通过换取企业税务、发票等政务信息及企业主个人信息等多维度数据,利用云计算、大数据等技术实现客户信用画像,一方面可以实现客户风险分层,进行风险预警和精准防控,另一方面可以下沉对"长尾客户"的金融服务,推广普惠金融服务。

(2)数字产业化方面,5G技术的诞生加快推动了企业的信息化升级,并将带动全球产业链、价值链的变革,有助于我国占据全球产业链高端环节;区块链技术的应用可以在跨境大宗商品交易过程中简化交易流程,大幅提升交易效率,通过区块链技术扩容的数据库可保证巨大信息吞吐量,实现高度安全。

(3)产业数字化方面,智慧农业产业加快了乡村产业创新发展,不仅保障了农产品安全,还能帮助农民增收致富,助力乡村振兴战略。智能工业产业以数据驱动提升产业效率,在安全生产、研发设计等环节实现数字化转型,助力实施制造业强国战略。疫情防控期间,数字化为服务行业带来了新的发展机遇,"云看房""云买菜"等新的商业模式,为服务业的高质量增长提供支撑。

(4)数字化治理方面,数字化治理手段可以加固城市运行的安全"防护网",有效防范事故发生,提升城市治理质效。大数据经侦等信息化手段的运用,极大提高了防范打击各类经济犯罪活动的效率和精准度,为国民经济的高质量发展提供保障。

3.数字经济安全对于国家经济安全意义重大

由于数字经济与国家经济深度融合、密切相关,数字经济安全与否决定了国家经济是否能够实现平稳发展、是否能够抵抗外部破坏威胁、是否能够应对经济危机,因此,国家高度重视数字经济安全,加强数据安全、关键信息基础设施安全防护等工作。例如,2020年6月28日,《中华人民共和国数据安全法(草案)》提请十三届全国人大常委会第二十次会议审议,《数据安全法》鼓励支持数据在各领域的创新应用,促进数字经济发展,并提出要坚持数据安全与发展并重,通过数据安全保障数据开发利用和产业发展。

(二)数字经济安全问题是国家经济安全的重大隐患之一

联合国贸易与发展会议发布的《2019年数字经济报告》在开篇中提到,数字经济的发展带来很多新的经济机会的同时,也带来了很多新的风险和挑战。随着数字经济的迅猛发展,数字经济与实体经济深度融合,越来越多政府、医院、学校、企业等机构通过"上云"等方式实现数字化转型,人们进入了"万物互联"的新时代。但在网络交织的数字经济下也潜藏着很多风险和隐患。比如,对手机等智能终端的窃密攻击或是个人信息的过度收集,都可能会造成个人信息泄露或被非法交易,导致个人财产和隐私遭受严重损失,甚至引发网络金融诈骗、非法集资等犯罪发生,对经济安全构成威胁。虚拟货币具有匿名性,通过电子虚拟货币进行交易时通常不会留下明显的痕迹和记录,有关部门很难进行追查,因此成为跨境洗钱的重要通道,为反逃税、反洗钱监管带来新的挑战。虚拟货币也为赌博、地下钱庄等违法犯罪活动提供了资金结算支付通道,成为不少犯罪分子的支付工具,助力其进行经济犯罪。当前政府机构的信息系统建设逐步完善,覆盖了各部门各环节,信息系统的安全性也直接关系到政府机构的正常运转。一旦信息系统不能稳定运行,出现网络瘫痪或者数据丢失等问题,将会给政府机构带来巨大损失,甚至对国家的数字安全构成威胁。互联网行业的快速扩张催生了很多全新的数字商业模式,比如平台经济,但在资本的助推下,互联网平台的垄断问题愈发严重。超级互联网企业利用其市场支配力量和先发技术优势,构建起互联网行业的围墙,对"后来者"的创新行为进行扼杀。这种垄断和不正当竞争行为破坏了公平竞争市场秩序,还严重损害了消费者的切身利益,不利于数字经济和国家经济的健康发展。

三、管控构建新发展格局的国内国际循环风险

加快构建新发展格局,必须培育强大国内市场,确保国内市场的畅通和安全。近年来,由于内外发展环境正在发生深刻变化,必须统筹中华民族伟大复兴战略全局和世界百年未有之大变局,从外部大变局的"变"中认识和把握动荡变革期,做到科学应对,趋利避害;从国内战略全局的"势"中看到自身发展的优势和潜能,把扩大内需放在更加优先、更加突出的位置,充分发挥国内超大规模市场优势,加快培育完整内需体系,打通从生产、分配到流通、消费等诸多环节堵点,防止国内统一大市场的堵塞和割据。要围绕扩大内需这个主题,加强前瞻性思考、全局性谋划、战略性布局、整体性推进,办好发展与安全两件大事,坚持全国一盘棋,更好发挥中央、地方和各方面积极性,着力固根基、扬优势、补短板、强弱项,注重防范化解重大风险挑战,实现发展质量、结构、规模、速度、效益、安全相统一。我们必须坚持统筹发展和安全,增强机遇意识和风险意识,树

立底线思维,把困难估计得更充分些,把风险思考得更深入一些。

加快构建新发展格局,必须确保国际市场的促进作用和安全。构建新发展格局绝不是关起门来封闭运行的单循环,而是通过国内市场和国际市场联通的双循环,更好利用国内国际两个市场、两种资源,实现更加强劲可持续发展,同时为世界发展创造更多的机遇。构建新发展格局强调以国内大循环为主体,并不意味着中国要自我封闭,而是要大力激发国内市场的内生动力,为世界各国创造更丰富,更有利,更方便的投资机会和营商环境,在更大规模和程度上使中国市场成为世界大市场不可分割的组成部分。强调国内国际双循环相互促进,有一个前提,那就是始终把国内大循环放在优先的位置、基础的位置,再以国际循环来促进和巩固。对外开放虽好,但对发展中国家来说是一柄"双刃剑",有收益,也有风险,需要在开放的同时,确保自身安全。开放不等于放任。利用国际市场,应树立底线思维,保持强监管,这是中国多年来的重要经验。在百年未有之大变局中,世界不确定不稳定因素越来越多,中国必须不断增强自身竞争能力、开放监管能力、风险防控能力。

四、运用现代科技管控构建新发展格局的风险

为构建更安全的新发展格局,需要坚持总体国家安全观,实施安全战略,运用现代科技管控国内国际两个循环的风险,管控的重点从产业链、供应链等流程转向整个国家、国际社会层面,维护和塑造新发展格局的总体安全,统筹传统安全和非传统安全,把安全发展贯彻其构建新发展格局的各领域和全过程,防范和化解构建新发展格局过程中的各种风险,筑牢安全屏障。应制定构建新发展格局的安全战略,加强前瞻性思考、全局性谋划、战略性布局、整体性推进,同时有效管控风险,统筹发展与安全两件大事,坚持整体安全观和整体风险管控思想,注重防范化解构建新发展格局中的重大风险挑战。

针对构建新发展格局过程中的各类场景,可应用数字技术管控风险,提出风险管控解决方案,继而提出相应的改进措施和建议:可应用人工智能技术,加强对国内循环中的供应商、客户等数据、凭证进行分析验证,利用模糊集合决策选取来选择风险控制行为,实现风险控制系统的智能化;可应用区块链技术,加强对重要产业企业、业务、合同、节点接入。客户纠纷等方面的风险识别,实施相应控制以防非法交易、诉讼损失、财务欺诈;可应用云计算技术,加强数据隔

离、安全加密和可用保障等方面实施风险控制,从而有效管理计算资源和云数据的安全性;可应用大数据技术,加强对国内国际市场中的常数据和交易进行监控,及时采取措施防控合规性风险和操作性风险,进行事前、事中的风险管控。

第三节 数字经济的发展与安全

数字经济的安全与数字经济的发展是一体两翼。不注重安全的发展如同驾驶机翼损坏的飞机,注定无法持久飞行,甚至飞得越高摔得越惨。

一、发展是数字经济安全的保障

数字经济发展助推社会形态和运行模式的变革,一场覆盖面广、影响深远的科技革命和产业变革正在重塑各产业发展方式。持续释放科技推动经济发展的放大、叠加、倍增作用,推进产业实现动力变革、效率变革和质量变革。

数字经济的根本基础在于信息化,而信息化则是因计算机、互联网、大数居、物联网等先进的生产工具引发的技术革命所带来的国民经济转型发展的一种社会经济转换过程,是指信息技术在传统经济领域的应用与利用,主要表现在信息技术对传统农业、工业、服务业等行业产业的结构改造和能力提升。因此,我们通常所言的信息化实际包括信息技术的产业化、传统产业的信息化、基础设施的信息化、生活方式的信息化等主要内容。其中,信息产业化与产业信息化,即信息的生产和应用两大方面是关键内容中的关键,涵盖了数字经济的主旨与精髓。

发达国家在经历了百年以上的工业化发展后,逐渐进入信息化发展阶段,并利用信息化不断提升其产业结构,保持和拉大与发展中国家之间的差距。对于发展中国家来说,数字经济的兴起以及与传统实体经济并举发展,是努力追赶发达国家的重要契机。更为重要的是,如果发展中国家能够充分利用自身在原材料等方面的成本优势,努力通过网络学习、引进先进的技术,就能重塑与缩进与发达国家间的比较优势竞争优势。从这一点上看,数学经济的到来为发展中国家缩短与发达国家之间的差距带来了"千载难逢"的良机。

近年来，我国在信息产业基础建设方面持续发力，光纤用户渗透率、5G用户量全球第一，为中国数字产业化的发展奠定了较为坚实的基础。未来，随着我国数字化的持续推进，信息化和工业化的进一步融合以及工业互联网创新发展战略的深入实施，我国数字产业的发展将得到进一步提速，实体经济的数字化、网络化、智能化转型也将进一步加快，为中国经济的转型发展带来日新月异的变化。数字经济已成中国经济高质量发展强有力的支撑。相关数据显示，2019年中国数字经济规模增加值已达35.8万亿元，占当年GDP总量的36.2%，强力支撑了我国经济迈向高质量健康发展的战略转型。

同时，伴随着全球贸易数字化发展，以数字贸易为突出特征的第四次贸易全球化浪潮对全球供应链、产业链、价值链全方位地产生着巨大的影响，全球服务贸易中一半以上已经实现数字化。2020年全球范围内蔓延的新冠肺炎疫情重创世界各国经济，而数字化、互联网(物联网)行业的发展却因疫情影响而逆势增长。以中国为例，2020年，网络销售、无接触物流快递业务发展迅速，京东、淘宝、多点、拼多多销售不减，有效地缓解了疫情对中国零售业的冲击，并对疫后经济、消费恢复起到极大的提振作用。应该说，虽然全球蔓延的新冠肺炎疫情对国际贸易带来严峻的挑战，但是数字化助力下的国际贸易有效降低了疫情对各国经济的影响，对冲了经济下行的冲击程度。根据中国商务部的预测，2030年前，数字技术将促进全球贸易量每年增长1.8到2个百分点，数字技术支持下的服务贸易在全球服务贸易占比将由2016年的21%提高到2030年的25%左右，以数字化服务和产品为核心的数字贸易正在被越来越多的国家和贸易协定认可和接受。在我国，随着2016年国家《网络安全法》以及2019年《中共中央国务院关于推进贸易高质量发展的指导意见》的正式出台，数字贸易和数字产业已成为推动中国经济增长最具活力和动能的板块。相信，伴随着中国信息技术、自有专利知识的不断积淀，未来适合我国国情的数字贸易战略布局和工作举措将会逐渐形成。而作为全球最大的贸易国，"数字贸易的中国方案"将会对积极研究、制定全球数字贸易发展行动规划，营造有利于数字贸易发展的治理环境，起到重要的推动作用。

(一)数字经济发展与数字产业化安全

数字经济发展要求信息产业，即数字产业必须配备一系列完备的高新技术支持,数字产业既涉及微电子产品、通信器材和设施、计算机软硬件、网络设备的制造等领域,又涉及信息和数据的采集、处理、存储计算等软件领域。传统实体经济要与数字经济深度融合,就涉及行业数字化这一关键性问题,这里的行业数字化,是指将多种信息技术综合运用于传统行业,助力解决业务数字化问题。例如:通过物联网技术,通过云计算的算法,把传统制造业、传统实业生产过程中的数据采集汇总,形成云数据,通过智能运算、分析、推理企业运营、生产、管理中的流程优化解决方案,形成能够不断累加学习的人工智能并如此循环往复,不断提高企业市场竞争能力。作为数字经济发展的根本基础,以互联网为主的通信基础设施属于准公共品,具有相当的非排他性、非竞争性和高度的技术性和创新性,犹如国家传统经济发展中的公路、铁路、港口等公共基础设施。因此,数字经济发展的理念之一就是在数字基础设施基础上的自主研发和择优竞争发展。例如:我国目前的区块链发展就是要在物联网、云计算基础上的相关链上和链下数据治理、数据存证方式、共享算法、密码算法等多个类公用基础技术之上择优发展并最终实现我国国产区块链的体系与策略,保障我国在整体区块链行业的安全可控。

数字产业化安全是数字经济发展最基础的根本保障。为进一步释放数字经济的潜力,就需要在数据共享与安全管理之间寻求合理、适度的平衡,既保障网络安全,又加强知识产权保护,既注重隐私保护,又妥善处理信息收集效率,既能有效保护个人隐私安全,又能充分发挥数据的公共服务属性。因此,数字产业产品和服务的整体安全是数字经济得以健康乃至高质量发展的关键支撑。

数字产业化的安全是数字经济与传统经济融合的关键。如果安全问题没有得到充分的解决,数字经济就会面临灭顶之灾。俗话说的"百密一疏"和"智者千虑,必有一失",就是指:信息系统一定会有漏洞。对于信息系统而新自动化、智能化程度越高,安全性要求越高,但是一旦漏洞出现而被人利用或被攻击,问题就越大,危害就越大。这就是"信息化和安全必须双轮驱动,必须两翼起飞,一定要并重"的重要原则的道理所在。没有安全稳定可能的数字化环境,就没有平秋稳健康的数字经济,也就谈不上数字经济的高质量发展。

(二)数字经济发展与产业数字化安全

随着数字经济发展步伐的不断加快,传统行业数字化、网络化、智能化趋势愈发显著。随着数字产业与传统产业的结合度越来越紧密,行业数字化的主导格局也由以信息行业的查变革拉动(或称供给拉动)向传统行业的内生需求转变,数字经济的承载主角也将逐渐由信息技术企业主导向传统企业过渡。数字经济作为一种新型的经济形态,未来在产业融合、经济赋能领域的效应将更加显著。

随着数字经济的快速发展,人们在享受"数字红利"的同时,也面临着"数字风险"带来的挑战。技术的快速迭代,叠加主客观因素作用,导致出现治理手段滞后的"时差"、技术能力对比的"落差"、价值导向判断的"偏差"、不同主体博弈的"温差",从而催生数字经济的新情况、新问题,带来对数字经济的新的风险挑战。由于传统企业信息化发展的状况参差不齐,信息化、数字化漏洞和安全隐患较数字产业本身的安全隐患(漏洞)更具"五花八门"的特点。在目前网络攻击、网络窃密、安全漏洞、恶意程序等问题高发的情况下,产业数字化面临的安全风险已经非常突出。一旦环境变化快于认知、未知隐患超过已知知识范畴时,如果再叠加社会治理的滞后性、被动性问题,产业数字化安全的时间节点的"真空期"和链条上空间上的"灰色带"就走到了一起,届时国家经济发展的威胁因素将更加严峻。

二、安全是数字经济发展的前提

科技创新和安全,已成为数字经济发展的双驱力。安全不再只是CTO职责,CEO也需倍加关注安全,数字经济,安全正日益成为CEO的一把手工程。数字经济的发展与信息技术(尤其是互联网技术)的广泛应用密不可分,与传统经济的数字化、网络化、智能化转型升级息息相关。随着信息技术的不断进步和传统行业对信息技术的认知、认可程度的不断提高,大数据、互联网(物联网)、人工智能、云计算等技术成为现阶段推动数字经济发展的新一轮动力引擎和全球数字经济发展的新趋势。近年来,我国积极推进数字技术的应用,大力推动信息化的发展,先后颁布了《促进大数据发展行动纲要》《大数据产业发展规划(2016-2020年)》等相关行业指导意见和行业条例,积极支持和促进以物联网、大数据、云计算和区块链技术的发展。

与此同时,伴随着网络技术的发展,数据的共享与应用方面的违法行为不断涌现,数据安全已成为现阶段网络安全中问题最为突出的方面,对个人和组织的信息安全,甚至国家的政治、军事以及社会安全造成严重的危害。国外一家名为剑桥分析的数据咨询公司就曾被指控通过FACEBOOK收集多达8700万以上的用户偏好信息,进行数据分析后对这些用户进行有针对性的广告推送。2020年,我国开展全国范围内的网络安全执法大检查,并首次将数据安全整治工作纳入其中,工作任务包括对数据的采集、存储、应用、传输、销毁等环节的全生命周期的监管和使用安全等多方面内容,旨在发现安全漏洞,弥补、修复安全隐患。

大数据被喻为数字经济领域的稀缺"钻石矿",将为企业创造巨大的商业价值。企业在大数据的开发利用中,如果内控制度不完善或网络安全防护技术不到位,都会导致企业私有信息被窃取,从而致使企业经济利益受损。而企业违法使用大数据,将会引发或挑起企业间的不正当竞争,最终在追责中造成企业形象受损、竞争力下降,不利于企业长远发展。为此,极其重视数据安全的欧盟就颁布了具有域外管辖效力的《通用数据保护条例》,旨在通过严重惩罚机制对欧盟内注册的企业进行监督和管理,一旦发现企业存在违法采集、处理数据的行为,将最高处以2000万欧元或上一财年企业全球营业额4%的超高额的罚金,严重时很可能导致违法企业走向破产。欧盟此举的目的在于惩前毖后,告诫和约束企业重视数据保护和合理、安全使用数据,倡导企业公平竞争和长期健康发展。

综上所述,数据安全是发展数字经济的最重要的根本前提。在数字经济的发展过程中,涉及数据安全的各种行为,无论是侵犯个人隐私、损害企业利益,还是危害国家安全的行为都将成为数字经济良性发展的羁绊。

三、数字经济安全既是生存问题又是发展问题

互联网在消费领域高速发展到几近饱和的今天,产业互联网甚嚣尘上呼声是基于互联网企业与传统行业共同欲望的回应。而对于传统行业而言,在梦想着被赋能从而实现质的跨越时,是否意识到,一个巨大如黑洞般的风险正虎视眈眈。这就是"互联网+"之后的安全问题。

(一)关乎生存与发展的安全威胁

企业层面安全管理从传统的生产安全到数据安全,已经不仅仅关乎企业利益,更是企业生存的底线甚至是发展的天花板,传统安全生产时代的那句"安全

生产大如天"在数字时代变成了更加不可回避的现实。企业从研发到生产、从存储到流通等全过程均以全新的数字化形式呈现,而这运营的全生命周期产生的各种形式的数据,涉及的人与人、人与物、物与物的连接,给恶意攻击创造了更多机会和可能。企业的研发数据被窃,将直接导致数年的投入付诸东流,对企业持续健康发展造成巨大负面影响,而供应商、客户数据的泄露可能导致企业信誉受损,信任危机将直接波及股价。

(二)影响现实与明天的管理缺口

传统行业安全管理意识与产业互联网安全管理需求的匹配性存在极大差异。借助专业技术力量,传统企业数字化进程中,组织架构、管理流程、硬件匹配较易实现,而人的数字化意识较难实现,能够认识到数据成为重要资产已需要过程,意识到数据资产需要更专业更全面的安全保护更需时日。"道路千万条,安全第一条""生命只有一次,安全伴君一生",叫得响的安全口号几乎都与生命相关,传统企业认识到"数据安全才有明天"是产业互联网健康可持续发展的必要条件。

(三)牵动安全与危险的互联互通

产业互联网时代,企业的数据安全已不仅仅关乎自身生存与发展,整个产业链中各企业的安全风险唇齿相依、脉脉相通,一荣必定俱荣,一损必定俱损。于生产制造业而言,上下游客户、供应商数据的泄露,可能直接暴露了商户的商业策略,使其竞争对手有机可乘。于建造业而言,基础设施上游客户大多为政府机关或平台公司,数据的泄露更可能危及国防安全。而各类共享平台、服务业数据泄露更是影响着社会公众的隐私及利益。

近年来屡见报端的数据泄露案例不断使公众震惊,强大互联网公司亦难逃黑客的窥视,股价下跌、巨额罚款还只是小惩,对于准备拥抱产业互联网的传统企业而言,更应该在数字化、网络化的同时时刻绷紧安全那根弦,永不放松。

第四章　数字化转型及安全管理

数字化如同空气和水,无处不在。数字化在各行各业的广泛应用,形成了数字经济。发展数字经济,是世界各国的大势所趋。数字化转型是企业迈向数字经济社会的重要方式,是新一代信息技术与业务深度融合的重要进程,应用遍布工业、农业和服务业。"十四五"规划和2035年远景目标纲要设置专篇"加快数字化发展 建设数字中国",提出"迎接数字时代,激活数据要素潜能,推进网络强国建设,加快建设数字经济、数字社会、数字政府,以数字化转型整体驱动生产方式、生活方式和治理方式的变革"。"现代管理学之父"彼得·德鲁克说过,战略不是研究我们未来要做什么,而是研究我们今天做什么才有未来。数字化转型不是战略,却是企业实现战略的关键路径,必须从现在开始,向未来出发。本章围绕数字化转型及安全管理展开,首先对数字化转型进行介绍,其次又分析了企业数字化转型、政府数字化转型、产业数字化转型三方面的内容。

第一节　数字化转型概述

一、数字化转型概念

数字经济时代,数字化转型是企业全面实现数字化时代的客户价值、转型数字化运营和数字化商业模式的必由之路,数字化转型本质是企业的业务变革。数字化转型是建立在数字化转换、数字化升级基础上,进一步触及公司核心业务,以新建一种商业模式为目标的高层次转型。数字化转型是开发数字化技术及支持能力以新建一个富有活力的数字化商业模式。

数字化转型表明,只有企业对其业务进行系统性、彻底的(或重大和完全的)重新定义和重构,对组织活动、流程、业务模式、IT和员工能力的方方面面进行重新定义和重构,才能成功实现数字化转型。

2020年5月,国家发改委发布"数字化转型伙伴行动"倡议;2020年9月,国务院国资委印发《关于加快推进国有企业数字化转型工作的通知》;政府相关部门正积极推动企业数字化转型。

数字化转型已被引入全新内涵:数据代替传统物理材料,成为重要生产资料;"数字外场"彻底压缩时空,改变生产关系。企业通过转型,提升竞争生存能力,寻求新经济增长点,使企业获得新生机。

转型是事物结构形态、运转模型和观念的根本性转变过程,是种经济运行状态转向另一种经济运行状态。不同转型主体的状态及其与客观环境的适应能力决定转型的内容、方向。转型就是主动求变的创新过程。

金蝶认为,企业数字化转型是企事业借助数字化解决方案,将物联网、云计算、大数据、移动化、智能化技术应用于企业,通过规划及实施商业模式转型、管理运营转型,为客户、企业和员工带来全新的数字化价值提升,不断提升企业数字经济环境下的新型核心竞争能力。数字化转型有五种基本类型:(1)数字化营销转型:"两微一商"(微信、微博和电商)让数字化营销在中国企业中快速普及,移动互联网和大数据成为数字化营销的重要创新利器。(2)数字化运营转型:以ERP(企业资源计划)为核心,包括CRM(客户关系管理系统)及SRM(供应商关系管理系统)的数字化运营平台成为企业完善管理流程、实现业务协作、提升决策透明度的重要基础。(3)数字化产品转型:数字化成为产品新内核,远程连接、云体验和场景化体验给用户带来全新产品体验价值。数字化产品需以产品全生命周期管理为理念,以数字化设计、数字化制造为手段,加快产品创新速度,快速满足产品个性化定制需求。(4)数字化服务转型:基于物联网、大数据、云平台,实现产品远程连接、场景感知、需求预测、远程诊断、主动服务,传统的响应型、低响应的服务需加快向主动的、可预知的、实时感知、快速适应的数字化服务转型。(5)数字化时代,需实现流程、资产、设备与人员数字化连接,亟须通过人员赋自能加快人员数字化连接、协同、分析、决策能力,提升数字化时代人员的自治管理、自主决策、自主经营、自我提升的能力。

第四章　数字化转型及安全管理

华为认为,数字化转型是通过新一代数字科技的深入运用,构建一个全感知、全连接、全场景、全智能的数字世界,进而优化再造物理世界的成功。

全球知名咨询公司埃森哲战略在《数字化颠覆:实现乘数效应的增长》报告中指出,平台化商业模式能为数字驱及动型增长带来重大机遇,数字技术已无处不在,带来空前变革。灵便组织、数字驱动,主动颠覆和数字化风险为托起企业数字化的四大基石。

艾瑞咨询认为,企业数字化转型是企业利用新一代数字技术,将某个生产经营环节乃至整个业务流程的物理信息连接起来,形成有价值的数字资产,通过计算反馈有效信息,最终赋能到企业商业价值的过程。将数字价值叠加到企业的商业价值,增强自身竞争力。数字化转型的核心本质是利用数字"复制、链接、模拟、反馈"的优势,实现企业转型升级。企业数字化转型要回归企业本质,从"降本、增收、提效"等企业核心目标出发,思考如何选型、组织、实施。

陈劲等在《数字化转型中的生态协同创新战略基于华为企业业务集团(EBG)中国区的战略研讨》一文中认为,可从三个不同阶段去理解"数字化"内涵。(1)Digitization,"信息的数字化",以"0""1"比特形式即二进制形式读写、存储、传递信息。(2)Digitalization 流程数字化,将工作流程数字化,提升工作协同效率、资源利用效率,如企业资源计划(ERP)系统。(3)Digital transformation,即数字化转型,开发数字化技术及支持能力以新建一个富有活力的数字化商业模式。数字化转型完全超越信息数字化或工作流程数字化,致力于"业务的数字化"。

数字化转型旨在价值创新,用新一代信息技术驱动业务变革,构建数据的采集、传输、存储、处理和反馈的闭环,打通数据壁垒,构建全新数字经济体系。数字化转型的驱动力是数字技术;转型对象是业务,转型本质是变革;数字化转型作为企业发展战略,不是短期的信息化项目,是一个长期推进过程。数字化转型的实质是改变生产力,进而带动生产关系的变革。

二、数字化转型的目的

数字化转型对于内部来讲主要是提升企业运营效率,对外是提升企业用户体验。阿里研究院副院长安筱鹏认为,数字化转型本质上颠覆了传统产业几百年来赖以生存的"传统工具+经验决策"的发展模式,给企业带来两场深层次的革命:工具革命和决策革命。工具革命通过自动化提高组织与个人的工作效率;决策革命通过人工智能等手段优化提高决策的科学性。及时性和精准性,系统能把正确数据在正确时间以正确方式传递给正确人和机器。

数字化转型的基本出发点是虚实结合,物理世界与信息世界的数字化融合正在改变制造、零售、金融、建筑与房地产等行业,新制造、新零售、新金融、新服务等数字化的新产业生态正在加速形成。

在数字化时代,企业应从数据理解客户痛点,快速响应客户需求出发;提高获取和利用数据的能力,通过人工智能的收集、分析和判断,连接和预测人的行为信息;充分挖掘、分析、利用数据,穿透所有价值体系,提供出前所未有的、巨大的价值链决策方案。数字化转型实施由外向内的商业模式是对企业业务进行系统性、彻底的重新定义,重新设计整体业务流程,包括精简程序,压缩控制,开发自动化决策流程,用新的数字技术提升服务能力。

企业数字化转型是通过合理运用数字化技术,对企业的业务模式、管理能力进行重塑,以提升甚至重构企业的核心竞争力。对于企业而言,深化数字技术在采购与生产、获客与营销、销售与服务、运营与管理等企业经营多链条、多环节的综合应用,对企业及其相关方的网络化、数字化、智能化的全面升级,帮助企业在数字经济时代立足并实现长足发展。

数字化转型对于微观意义上的企业和宏观意义的国家都具有重要意义。(1)对于企业而言,数字化转型对于激活行业生命力、促进企业的优胜劣汰具有积极作用。数字化转型已经不是某些行业的"特色"了。在有些行业,企业与生俱来拥有数字化基因,比如互联网行业,行业内公司的产品绝大部分都是数字化的服务,数字化是它们赖以生存的手段;而对于传统行业,如制造业、农业等,它们的业务可能与数字化技术没有直接联系,但由于行业领导者率先发起数字化转型以提升企业自身的竞争力,如迟迟不推进这一动作,企业生存空间就会受到挤压;因此这些行业也都正处于"上马"一个又一个数字化转型项目的风口。(2)对于国家而言,数字化转型是提升整体竞争力、整体实力、整体风貌的有效手段。我国的人口红利已逐渐消失,未来要想在世界经济中持续占据有利地位,很大程度上需要倚仗各行业的数字化,对外能提供更自助化、智能化的产品和服务,对内能盘活各行各业、高效利用各项生产要素,并极大精简业务和管理流程。能够对经济发展产生放大效应,对推动我国经济的高质量、低消耗、可持续的发展具有极为重要的意义。

很多新兴产业与生俱来自带数字化基因,在此不做过多讨论;而对于传统产业而言,数字化的目的明确。传统产业数字化转型是运用数字技术突破企业与产业的发展瓶颈,实现业务的创新和持续增长,具体包括强化企业的价值创造模式、转变企业的资产管理模式以及重构企业与行业的协作模式。

(一)强化企业的价值创造模式

企业的价值创造模式正在发生重大变化。传统的经营模式中,企业根据自身的能力和条件生产产品,并销售给合适客户,而现在这种生产驱动的模式,正向着消费驱动的模式演进。这种模式具有以下几个特点:

一是捕获客户偏好。移动技术、物联网等手段能够细致地获取用户行为,大数据、人工智能等技术能帮助企业精准地分析出消费者的需求,为"按需生产"打下坚实基础。

二是生产定制产品。当对客户的偏好和需求有了精准捕获之后,就可按需生产产品了。这种模式下,企业不需要为产品卖不出去而犯愁,因为产品完全是按照消费者的需求生产的。

三是提供全面服务。传统理念中,卖出了产品似乎企业的目的就达到了,企业就是靠卖一件件产品而生存、发展。在新型模式下,消费者购买企业的产品只是价值创造的一个步骤,一方面企业可以基于产品持续提供后续服务,延长企业价值创造环节,另一方面企业可以悉心收集用户的使用反馈对自己的产品和服务持续改进。

四是鼓励客户参与。构建消费者社区,吸引消费者参与产品设计与定制过程,在进一步提升消费者体验的同时,也给消费者带来参与感与主人翁意识。

该种模式下,数字化技术强化了企业与消费者之间的联系与联动,企业进而有能力更好地为消费者提供产品和服务,构建以客户需求为中心的理念来创造价值的逻辑。

(二)转变企业的资产管理模式

数据是数字化时代中的一个核心生产要素,企业在转型过程中,也会将数据资产管理融合进企业的管理模式中。随着转型过程的推进,企业会通过各种

渠道收集到越来越多的数据,并作为资产纳入到企业的资产管理体系中。这个过程会呈现出两个特点:

一是企业收集并应用数据,让其成为支撑企业经营的资产。传统模式下,企业重视数据可能只为了解传统经营指标,比如销售情况、库存情况;而数字化时代后,数据能够为企业的决策提供更精准、更细致的依据。

二是企业有选择性地收集、管理并使用数据。不同渠道、不同领域的数据所蕴含的价值是有区别的,企业在转型过程中识别出各类数据的价值性、数据与经营管理活动的关联性,并意识到数据治理的重要性。企业重视数据运营,围绕数据的采集、加工、存储、应用、销毁这个全生命周期进行规划与建设,提升数据资产价值。

(三)重构企业与行业的协作模式

数字化转型会颠覆企业间、行业间的协作模式,催生出一种更具效能的业态。没有一个企业善于包办产业链上所有的事情,每个企业都有自己的"基因",这决定了企业适合做什么、不适合做什么。转型会推动企业发挥自身最擅长的事,而不拿手的事情选择与外部合作。对于一些巨头企业或者平台型企业而言,也通过向中小企业输出技术甚至整体解决方案的形式,赋能物理世界的业务实现"虚拟"与"现实"的融合,高效地整合产业链上的各项数据,在加速各行业整体数字化转型的过程中实现共赢。

三、数字化转型面临的问题

数字化浪潮几乎已经影响到每个行业和企业了,可以说,几乎没有哪个行业或企业能够两耳不闻"数字化转型",一心只做自己的业务。有部分龙头企业已经开启或者已推进数字化转型并持续获得正反馈,但有更多的业出于自身以及外部环境等各方面因素,面临着转型各个阶段所带来的问题或困扰。本书将企业在不同阶段面临的问题总结为三类:"转不来""转不起""转不动"。

(一)"转不来"

要推进数字化转型,首先当然要做好战略与规划。在这一阶段,许多企业由于主观或客观的原因,会觉得数字化转型工作极其复杂,甚至都无从下手。

1. 主观上认识不清

数字化转型工作既不是简单如买几台设备或者是搭建一个系统,也不是投

第四章　数字化转型及安全管理

入后就一定能在短期内见到可观效果。开展转型工作要求企业在经营理念、战略规划、组织架构、企业文化、运营保障等全方位的深层次变革,对企业领导层的素质要求极高。有些企业领导者可能对转型工作整体认识不足,认为与企业关系不大,或者认为转型是战术层面的工作。此外,还有些企业管理者可能对转型战略推进的信念不够坚定,一旦没有达到预期效果就会感受到来自外部的质疑和内心的摇摆,导致转型工作无法保质保量推进。

2. 客观上能力不足

管理者在主观上对转型工作有了整体认知后,也可能会面临能力不足的情形,包括:(1)企业自身的数字化积累不足。部分企业(尤其是中小型企业)的信息化、数字化程度不高,有些企业的生产管理、销售管理、财务管理等还大量依赖人工填表、收集、统计,甚至是纸质的文档或表格。缺少对企业核心数据的梳理、采集和运营,对于需要企业持续积累的数字化转型工作是一只巨大的"拦路虎",直接导致数字化转型工作成了"巧妇难为无米之炊"。(2)转型战略分解和推进的能力不足。管理者对企业如何规划出顶层设计、目标分解、工作推进、成果检验、举措修正等一系列落地方案,缺乏深刻而细致的计划会影响转型工作的可操作性、可追溯性、可评估性。引入外部力量会是一种弥补这一短板的方式,比如第三方咨询公司的介入。然而,数字化转型工作不存在标准答案,每个企业、行业的基本面不同,其他公司的经验或者外部建议未必一定能适合本企业。

(二)"转不起"

有些企业可能有能力解决"转不来"的问题,又会碰到"转不起"的困境。经验表明,数字化转型工作确实是很"烧钱",数字化的投入不仅需要购买IT基础设施、运维保障,还要持续投入于软件采购、系统研发和服务支持等来支撑数字化的发展。然而,并不是所有企业都有实力能花很大投入大刀阔斧地推进数字化转型工作,对于中小企业而言,这种规模的投钱、投人还要保证自己存活若干年后才能见到效果,很可能分分钟就把自己作死了,但如果企业管理者坚持不转型,可能又如温水煮青蛙,看着企业的竞争力被一点点吞噬,最后被时代淘汰。许多企业面临的正是"转型找死,不转型等死"的两难困境。如何平衡数字化投入与预期收益产生的周期,降低数字化转型对企业经营的负面影响,是企业需要解决的难题。

（三）"转不动"

当企业决策层终于有了深刻的转型意识、做好了长期投入并艰苦奋斗地打算后，仍然可能要面对"转不动"的困扰，主要分为三个方面：

1. 数字化人才储备不足

人才可以算是当今数字化转型工作中极为重要的因素，成功的数字化转型离不开人才的发掘、积累和合理运用。然而从人才市场上来看，技术类人才的招聘与培养不仅费时费力，其供给和需求很可能在相当长一段时间内无法匹配，有部分企业无法招募到充足的数字化人才，最终成为它们数字化转型瓶颈之一。

2. 企业中低层缺乏转型动力

数字化转型对于企业执行层面的自发性、敏捷性等特质要求与日俱增。许多人都有安于现状的惰性，倒逼自己跳出"舒适区"的转型会遭到来自广大员工心底的抵触；此外，有些企业搭建的组织架构和业务流程较为复杂，比如决策无论大小都要层层汇报审批、多部门相互制约而割裂、数字化转型工作权责不明晰，这都是转型工作的障碍。如果没有构建合适的考核与激励制度，转型工作也很容易流于形式而无法按计划推进，在竞争无处不在、商机转瞬即逝的数字化时代，这种内耗很容易动摇企业可持续经营的根基。

3. 产业协同水平不高

化转型不仅是一个企业内部事情，良好效果需要产业多方参与协作。目前在传统产业中，数字化技术的运用存在不均衡的情形，即使某个企业自身有强烈的愿望和充足的实力，但其相关企业或行业的数字化程度与其不匹配、其他参与方的开放意愿不足抑或是数据标准口径不统一，都会导致不具备良好协同的基础。仅仅单靠企业的自身投入，可能面临回报与成本不成比例的尴尬局面。

四、数字化转型面临的风险

根据数字化转型的实践经验，企业数字化转型常常面临一系列风险，下面列举几种典型的风险。

（一）模式选择风险

转型业务有一个投入回收期的问题，转型的步伐小，无法达到转型的目标，在未来新的环境下,经营和竞争就会滞后;转型的摊子铺得过大,长期支撑转型负担过重,也难以为继。转型必须把握一个"度",选择合适的转型模式、合适的规模尤为重要。

(二)文化"不适"风险

转型是战略层面的一种选择,带动自上而下全层级、全领域彻底变革,可能涉及每一个人、每一项业务、每一个流程,须培育和树立与企业数字化转型相适应的全新理念,普及先进的数字化文化。这些对转型战略的持续推进和不断优化影响巨大。

(三)人才与组织架构适应性风险

传统企业的人才结构和组织架构都面临变革压力。传统企业多数员工面临技术、观念、思维方式等方面的挑战。更重要的是组织层面,传统的金字塔式组织结构需要向适应平台化运行的模式转型,快速发展的新型数字化生产力对原来的生产关系提出调整要求。缓慢变化的组织架构会制约数字技术生产力的快速发展,成为数字化转型战略落地的重大风险。

(四)技术储备不足风险

企业数字技术能力建设至关重要。数字化转型的本质是让数据成为新的生产要素,核心手段就是让"业务数据化、数据价值化",关键技术能力是平台能力和数据治理能力。要建设与自身业务相适应的工业互联网平台,打造强大的平台服务能力,形成良好的技术生态。同时构建企业级数据治理体系,梳理数据资源,形成数据资产,构建数据价值化能力。这两种能力缺一不可。

五、数字化的转型趋势

随着以人工智能、区块链、云计算、大数据、物联网等技术为代表的新型技术群落的落地运用,人类的客观物理世界与创造出的数字世界正逐渐融合,数字化转型也呈现出业务数智化、能力平台化、资源共享化、创新体系化、国民高质化五个趋势。

(一)业务数智化

在过去几十年,信息技术的飞速发展推动了企业的经营与管理迈向数字化时代。我们可能常常见到OA(办公自动化系统)、CRM(客户关系管理系统)、ERP(企业资源计划系统)等系统名字,总而言之都是通过技术手段在某个业务条线或某个业务环节上的降低成本或者提升效率。而如今在数字化时代，企业的经营也将迈入新的智能化时代。它强调将资本、设备、人力、数据等多方面要素的有机融合，通过技术对它们赋能、集零为整，充分重视并挖掘出数据中蕴含的价值，将原本相对独立的业务领域、业务条线、业务环节融为一体，形成高效的、智能的业务体系。

（二）能力平台化

处于数字化转型的企业发现，许多技术能力、数据能力、业务能力的需求都具有效用性，于是都不约而同地建设一个又一个能力平台。建设平台的主要过程是整合。其核心目的是高效协同。例如，阿里巴巴、腾讯、华为等新型科技公司倡导并贯彻中台理念，整合基础技术、数据运营、产品服务并整体对外赋能，若干抽象的、不变的基础能力，应对多样的、万变的业务场景。

（三）资源共享化

共享生态也是数字化转型中的新业态，它激励企业之间由封闭自守走向开放合作。数据资源、业务资源、计算资源等各类资源都是可以在企业间共享与合作，通过共享经济可以使各个参与方都变得更好、经营变得更加高效。供应链中的核心企业具有向其上下游企业和金融机构分享其业务数据的驱动力：（1）基于真实的业务往来数据，金融机构开展金融业务的风险大大降低。（2）上下游企业可获得廉价金融服务，基于这些数据能有效提升资金周转效率。（3）核心企业从而也能够获得更低的采购成本、赚取更高的销售收入。此外，供应链核心企业还可以将数字化经验赋能其相关企业，对其上下游的参与主体形成有力支撑，共同拓展行业价值空间。

（四）创新体系化

数字化转型对产业的整体创新机制提出了更高的要求。过去企业考虑的是如何找到自家产品的消费者，现在企业正逐渐转变思路，让消费者自己描述需求产品，由企业进行定制化生产。基于互联网形成的社区也会加速这种体系的演进，原来可能由一家或少量参与方完成集中式的创新活动，现在正通过众创、众研、众筹、众包等新型方式重构创新流程和创新体系，创新活动将不再受到地域、行业、群体的约束，更加凸显紧密协同的新型创新体系。例如，海尔就曾推出"4+7+N"一站式智慧解决方案，客户可根据自己实际家庭状况依托海尔一站式全场景定制化创建适合自己的智慧家庭。

(五)国民高质化

随着企业数字化转型进程的持续推进,对企业管理者、企业员工、企业消费者都提出了更高的要求。企业管理者固然需要认清转型形势,拥抱新思维、新理念,掌好引领企业数字化转型工作的"舵";员工也需要不断掌握、学习新的数字化技能,才能与当下的企业与产业发展相适应;而消费者的素养也逐渐成了驱动数字化转型的重要动力,他们在新的商业模式中参与创新体系、共同发掘新的数字化业务价值,形成新兴的数字消费群体。对于国家而言,有这样的高素质的国民是数字化转型的重要资源,提升国民素养逐渐上升到国家战略高度,因此许多国家都高度重视对数字化相关技能的教育和能力的培养。

六、数字化转型机制、发展阶段与路径

产业数字化转型,利用数字技术全方位、全角度、全链条地改造传统产业,提高全要素生产率,释放数字对经济发展的放大、叠加、倍增作用。数字化转型能一蹴而就吗?答案是否定的。数字化转型应遵循一定原理,并非一蹴而就,需要循序渐进,经过一定发展阶段,遵循一定路径。

企业数字化转型表现在以下四个方面:业务模式转型、产品服务转型、经营理念转型、组织结构转型。

1. 业务模式转型

一是数字化技术的运用会促使企业的业务模式和业务状态发生革新。许多低技术含量、耗费体力、重复性的劳动的工作已经在上一代机械化的浪潮中被机器取代,而在数字化时代,有更多的工作岗位需求会被压缩,诸如产品质检员、票据审核员等都会逐渐地被具有人工智能能力的计算机所取代,劳动力会释放到更需创造能力的岗位中。充分运用数字技术的企业,其产能更加高效、产品质量也更加可控,通过物联网等技术收集并汇集数据后,管理者可以实时看到一个工厂内的状态甚至所有上下游生产线、库存的状态,对于管理而言这些数据更加及时、更加精准。此外,计算机不会走神、不会犯困、不会被情绪化因素干扰,它们从事这些工作更加可靠,对于决策执行而言更为有保障。

二是数字化技术的推广还会推动企业重构其传统业务的价值链。传统业务模式下,企业生产的产品品种是有限的、预定的,其价值体现在挖掘出能够匹

配其需求、愿意为产品买单的客户,有些价值需要通过帮其维系客户的经销商来体现;此外,库存管理、物流管理也是一门艺术,通过影响企业的资金周转效率来直接影响企业的经营效能。而到了数字经济时代,企业可以通过数字技术打通产品需求调研、设计、研发、生产的链条,能够通过增加有限的成本来快速匹配海量客户的小规模、定制化需求,产品就是按照客户的理想状态生产;此外,企业通过数字技术打通其资金流、物流、信息流、及时响应客户需求、为客户创造价值,客户当然高兴地买单,对企业自身而言,这种"找到买家再生产"的模式也是进一步提升企业资金周转效率、降低企业经营成本的手段。

2. 产品服务转型

数字化时代,企业应积极转型提供差异化的产品服务。曾几何时,市场是一个"我产什么,您买什么"的情形,消费者被动接受厂家生产的产品。人们可能经常会感觉,某个产品大部分都挺好,就是总有点遗憾有那么一两个模块看着多余,或者产品缺了那么点功能,或者造型看着别扭、颜色不够满意,但消费者只能在接受或拒绝两个选项中做出抉择。在如今技术的推动下,消费者有渠道评价产品的优缺点、表达对产品或者厂家的意见、分享自己对理想产品的观点。这个新媒体盛行、营销为王的时代,正倒逼着企业珍惜每一位消费者、注重客户的行为数据和显式或隐式的反馈、认真对待每项个性化诉求。消费者正在抛弃千篇一律、追求独具一格,未来谁能高效率、低成本地从"千人一面"到"千人千面"响应消费者们的需求,谁才可能树立起优异的口碑,在这个崇尚多元、倡导个性的时代"捕获"消费者芳心,才能够立足于数字化时代。

3. 经营理念转型

数字化也在影响企业的经营理念的转变。传统企业的工业化经营理念下,一般爱盯着大客户,不太爱搭理小客户。这种理念并不是因为企业经营者有"嫌贫爱富"的人格,而是传统经营模式所决定:为了营销、维系小客户关系,厘清、满足小客户五花八门的需求时,会显著增加企业的运营成本甚至会怠慢大客户,很有可能"得不偿失"。

数字化技术运用后,这种理念有了很大的改观,并催生出了互联网思维。对于这些中小客户的称呼,互联网有个很形象的词"长尾客户",意思是数量庞大但单位价值低的客户。以 SIABCDE(5G、IoT 物联网、AI 人工智能、Blockchain

区块链、Cloud Computing 云计算、Big Data 大数据、Edge Computing 边缘计算）等为代表的数字化技术能够帮助企业获得新客、常销客户、挖掘客户的真实意愿、服务客户的定制需求，进而降低服务客户的单位成本，使得原本企业"瞧不上"的中小客户也成了"香饽饽"。从经济学角度上讲，只要企业降低了客户获取产品和服务的成本、满足了他们客户的个性化需来，客户是愿意做出额外付费的，因此，无论是对于交易的买卖双方，数字化转型与安全管控都会因为效用的提升而变得更好。这正是经营理念转变的原因所在。

4.组织结构转型

企业的组织结构需要转变，以便能与当下的业务模式相适应。传统企业组织架构都会构建一个森严的等级制度，比如依据人员数量构建与规模相对应的部门、处室、科室等；大大小小的机构都有明确的职责范围，机构间按照公司规定进行交互和协作；在许多问题决策上，都需要组织各相关方参与讨论表决，商议计划和行动。这种制度能够避免某些个体、机构对企业经营产生过于重大的影响，但在数字化时代，外部需求需要快速响应，各机构之间的边界也逐渐模糊，原有制度在日新月异的内外部因素作用下已较难高效运转。企业需要在组织架构上做出改变，以应对复杂的、动态变化的大环境。比如，以 BAT 为代表的许多互联网公司纷纷祭出"扁平化"的组织结构，以业务流程再造驱动变革，打通原有的机构间壁垒，建立中台沉淀、复用和统一管理标准化的业务、技术和数据，敏捷、高效、积极地响应外部变化。

七、数字化转型发展阶段

从基础设施、企业应用、综合集成和协同创新等进展程度，可确定企业数字化转型水平及其不同阶段。

(一)赋能

在数字化赋能阶段，要培育企业的数字化文化，提高员工的数字化意识和对数字化转型的信心。如通过物联网、移动应用等数字技术的使用，劳动强度大幅度降低，用人减少、效率提高，企业和员工共同受益。通过对产品赋能，快速提升产品功能、性能，改进用户体验，增加产品的附加值。赋能的特征呈"点状"，规模小、风险低、见效快，可以多点并行，甚至"星罗棋布"，产生"面状"价值。

(二) 优化

优化阶段通常是针对一个或者多个业务流程,可以在部分流程上展开,也可以全流程优化。利用数字化建模技术进行流程优化,实现资源配置最优,包括人力、设备设施、原材料、能源和水等。通常能够达到缩短流程、减少人力、降低能耗、提升时效等效果,是企业降本增效的利器。流程优化通常要求较高的数字化水平、大量的数据积累、强大的建模能力和巨大的算力,很多情况下还需要大量的仪器仪表配置来提供实时数据采集能力。优化通常具有线状特征,常见的如离散工业的流水线、装配线,流程工业的某个流程,物流配送、能流配置、野外施工的作业路线等。区域优化和全局优化通常也是围绕一个业务主线展开。

(三) 转型

原来"转不动"的传统业务,经过数字化技术的赋能和润滑,实现轻松转身,从而产生巨大的额外价值,这就是转型。云计算是传统计算能力的最成功转型,不仅造就了世界排名第一的亚马逊,也创造了整个云产业。转型具有"面"的特征,通常是覆盖一定范围的一个完整业务单元。因为具有完整价值,更易"服务化",更方便找到用户、打开新的市场。如物资采购部门经过多年积累,培育形成的具有巨大竞争优势的"采购能力""保供能力",通过电子商务平台的赋能,转换为一种可交付的"采购服务能力",服务其他更多的企业,带来新的利润增加值。这就是采购部门这个业务单元(BU)的数字化转型。

(四) 再造

再造是传统企业脱胎换骨转化为数字化企业的高级阶段,一般有两种类型。(1)企业内部与数字化生产力相适应的生产关系再造,可以是企业内部某一独立业务单元(如产品销售板块),也可以是企业整体。这种再造方式扬弃的是传统组织管理架构,业务本质没有变化,数字化生产力得到充分释放。(2)打破企业边界,以并购、融合、创新等跨界方式实现企业商业模式再造。这种再造意味着逐渐抛弃或转变原有的核心业务,寻求新的盈利模式。

需要说明的是:四个阶段不一定必须完成前一阶段才能开始下一阶段,可以交叉或者并行发展。尤其是一些大型企业,由于不同业务单元的性质及数字化水平存在差异,有可能分别处于不同阶段或不同模式,有些企业内部会出现多个模式并存。

八、数字化转型路径

2018年9月,日本经济产业省发布的《数字化转型报告》指出:公司在应对外部生态系统(客户、市场)的破坏性变化时,推动内部生态系统(组织、文化、员工)转型,使用第三平台(云、移动性、大数据分析、社交技术),通过新产品和服务、新商业模式,在互联网和现实两方面通过转变客户体验来创造价值并建立竞争优势。

企业IT建设模式率先转型的路径。推进企业数字化转型,企业内部的IT建设模式必须首先转型,才能解决转型过程中企业对数字技术的需求。转型的方向是全面推进"数据+平台+应用"的新的建设模式,这一模式的基础是数据,核心是平台,应用则是便利的APP。这完全颠覆了以应用为核心的传统建设模式,传统建设模式是"补丁式"、项目型。项目完成后,得到一个可独立运行的应用系统。传统的建设模式会不断地制造信息孤岛,随着信息系统的增多,相互之间集成和互联的关系越来越复杂,增加了信息系统使用和运维的复杂度,加大了企业信息化的总体成本。按照"数据+平台+应用"的新模式,强调企业数据资产的统一治理和共享,大幅度提升企业数据资产价值。所有新的开发建设都在统一的平台之上,按照标准接口规范进行组件式开发,形成业务组件和技术组件的积累和共享复用,各类业务应用APP由各类组件构建而成,大幅度降低开发成本、提升对业务需求的响应速度。企业IT领域率先转型是企业数字化转型成功的重要基础。从技术上看,数字化转型就是平台化转型,打造企业自身的工业互联网平台,能够加速企业设备设施、业务流程、管控模式的数字化进程,深化人工智能、物联网、AR等信息技术与业务融合,提升全员数字化意识,为数字化转型做好全方位的准备。

从数字化转型实践来看,企业的数字化转型是系统性工程,各企业选择的转型路径有相似之处,但落到实战层面还是会因为内外部因素不同产生较多的差异性。一般而言,要想在数字经济时代中破局并成功完成转型,需要注意以下几个方面:

(一)制定转型战略

管理大师彼得·德鲁克很早就提出"做正确的事而不是把事情做正确"(Do right things or do things right)。数字化转型是非常考验企业领导对全局的认知和把控能力的。企业着手开展数字化转型工作之前,一定要根据自身情况合理制定发展战略。如果在战略层面出现认知偏差、方向失误,结果可能就是南辕北辙,即使再如何坚定、努力地执行战略,最终效果都不会很理想。

企业决策者认真思考并构建出正确、合理、可行的数字化转型战略,是转型工作开展的首要条件。(1)参考行业内外数字化转型典型企业,分析本企业的数字化转型的意义和必要性,预估转型工作以什么样的代价获得多少价值,并在企业决策层面拉齐认知达成共识。(2)制定转型战略蓝图,转型工作分几步走、每步投入什么资源预计产出什么成果,内部组织架构如何设定、外部各项资源如何协同。(3)做好数字化转型的保障工作,如何确保战略能按预定思路和节奏推进,如何制定企业的变革机制、创新机制等。

(二)锻造业务创新

业务创新主要分为业务数字化和数字化业务两个大方面,而这两个方面都强调业务与数字化技术紧密相关。(1)业务数字化要求企业将数字化技术运用到原有经营活动的各个业务中,互联网企业、新兴企业,由于具备此类基因,相关能力可能与生俱来,因此这点特别是针对传统企业而言尤为重要。比如针对制造企业而言,通过运用云计算、物联网、大数据等技术将原有生产工艺、仓储存货、物流管理数字化、网络化,并基于此有一整套生产、协同、管理的流程,保障企业的高效的生产效率和可控的产品品质。(2)数字化业务是要求企业基于数字化技术提供创新的业务模式,比如使用大数据、人工智能等技术深挖企业数据价值、改进业务流程,建设智能流水线、智能车间、智能工厂,进一步降低人工的参与和干预,打造智能产品、智能服务;深入了解客户并提供定制化解决方案,想客户之所想,急客户之所急;鼓励客户来参与设计、创新产品,对传统业务模式进行革新,促进行业整体变革。

(三)构建平台能力

构建以平台为核心的新型企业架构也是数字化转型的有效途径。数字化时代的平台本质上是各个方向高内聚、可复用能力的集合,虚拟世界上,搭建以人工智能、大数据、云计算、区块链、物联网、边缘计算等能力组成的技术平台并按需迭代升级,推动企业内的统一数据采集、数据整合、数据治理、数据应用并以整合的方式服务于业务发展和创新;实体世界中,对企业组织结构进行优化

第四章　数字化转型及安全管理

革新,打破原有部门之间的"故步自封"、消除机构之间的"高墙铁网"(业务壁垒、信息壁垒、协作壁垒),调整为较为扁平化、网格式、自驱动的敏捷、高效的管理模式,强调各机构之间的开放与互联,彼此形成良好的协同效应。围绕企业的采购生产、运营管理、营销销售等企业经营各个环节使用业务与技术双轮驱动,以适应当下千变万化的外部环境和客户需求。

(四)打造生态场景

数字化转型绝不是单个企业个体的单机游戏,不是"独角戏",生态场景才是整个行业、整个产业发展的重要载体。诸如供应链核心企业、制造业风向企业、互联网龙头企业等行业龙头、具备主导能力的企业,可使用以 5IABCDE (5G、IoT——物联网、AI——人工智能、Blockchain——区块链、Cloud Computing——云计算、Big Data——大数据、Edge Computing——边缘计算)等为代表的数字化技术拉紧其上下游等业务相关方的关系、推动数字化行业标准的制定、对业务伙伴进行赋能,通过打造业内标杆生态场景推动行业整体的数字化进程;而对于中小企业而言,也要积极加入数字化生态场景建设中,在快速提升自己实力的同时,也确保不落伍于这个时代。这种模式不仅可以整合行业上下游全流程的数据实现深挖价值、对行业进行全方位的提升,还有助于激发行业创新、孵化新的业态,构建一个个具备正向反馈的数字化生态,数字化链条上的每一个参与方都能切实受益,众人"皆大欢喜"。

第二节 企业数字化转型

一、企业数字化转型的价值意义

肖旭等在《产业数字化转型的价值维度与理论逻辑》一文中认为,产业数字化转型的价值维度体现在驱动产业效率提升、推动产业跨界融合、重构产业组织的竞争模式以及赋能产业升级四个方面。我国产业实现高质量发展,效率提升是基本前提,跨界融合是必要条件,竞争模式重构促进了动力机制的构建,产业转型升级是根本目标。数字化转型的主体现实需要是产业实现高质量发展,客体是数字化技术,数字化转型的价值是以 5IABCDE 等为代表新一代信息技术对产业实现高质量发展的价值影响。

埃森哲等在《2019埃森哲中国企业数字转型指数研究》中指出,根据埃森哲对领军企业数字转型的常年跟踪调查,借助数字化成功转型的企业,普遍以业务转型为导向建立战略格局,而非单纯以新颖的技术工具或局部流程变革驱动。这些领军企业的数字转型围绕三大价值维度:智能运营、主营增长和商业创新。智能运营让企业在核心业务上的优势愈加巩固;核心绩效提升又为企业探索新市场、新业务提供强大的财务投资能力;新兴业务的概念验证与规模化,也与核心业务形成协同效应。这三大价值维度相辅相成,共同推进才能使企业更好地释放数字价值。

IDC(国际数据中心)认为数字化转型带来的价值在于四个重构:(1)重构商业流程;(2)重构用户体验;(3)重构产品与服务;(4)重构商业模式。这四个重构也是信息技术支持业务的四个重要阶段,从提升内部运营效率来重构商业流程,通过新技术提升用户体验,许多产品服务的智慧化,使产品增值走向高端,同时连接用户,提升用户忠诚度,并通过数据收集与分析带来新的商业模式。四个重构引发更多创新,通过这多个细节的改进,也能给企业带来更大的价值,也是对于传统商业模式的颠覆,是创新提升竞争力的基础。

诺贝尔经济学奖获得者罗纳德·科斯(Ronald H. Coase)在《企业的性质》中认为,市场交易是有成本的,通过形成一个组织,并允许某个权威(通常是企业家和管理者)支配资源,就能节约某些市场运行成本。企业运行也有管理成本。企业规模越大,管理成本越高,甚至一些企业会出现官僚主义,当企业运行的管理成本高于内部协作带来的收益时,企业就会变得规模不经济,组织规模有边界。数字技术都在重塑组织,数字化降低组织之间交易成本,不必像以前那样追求规模,灵活和敏捷比规模更重要,组织越来越趋向于小规模化,甚至让组织变得无边界。数字化也降低组织内部的沟通成本,扁平的网状结构将取代传统的金字塔结构,组织越来越扁平化。

传统产业的数字化转型,是我国经济迈向高质量发展阶段的重要路径。数字技术改变了传统的产业经济理论,梳理数字化转型下产业经济理论逻辑,充分认识数字化转型的价值,对于推动传统产业数字化转型具有指导性意义。

(一)数字化转型改进产业组织效率

数字经济时代组织将普遍呈现为小型化、去中心化、融合化的特征。未来组织将更多呈现小型科技型,通过网络连接在一起的"轻组织"。

由于生产工具的转变,经济时代从农业社会转变为工业社会,社会生产力和劳动生产率都得到明显提高。随着信息技术的发展,社会发展方式发生变革,生产工具由传统工业社会的常规能源、机器技术转变为大数据、人工智能、5G等信息通信技术。正如蒸汽机让人类社会进入工业经济时代一样,数字技术将我们带入了数字经济时代。在数字经济时代,信息流动障碍减少,社会资源得以充分利用,社会生产效率得到进一步提高。

1. 数据资源赋能企业管理

当今世界,互联网的"触角"迅速扩张,触达世界的每一个角落,几乎实现了全民上网、万物互联,随之积累的数据资源正在进行爆发式增长。IDC发布的《数据时代2025》称,预计到2025年全球数据量总计约175ZB,如果将这些数据全部存储于DVD(高密度数字视频光盘)中,那么这些DVD可以环绕地球222圈。在数字经济时代,数据犹如21世纪的石油资源,成为国家发展的战略资源。随着数据存储量的增加,对数据的积累和应用成为企业和产业提高效率的重要引擎。数字化转型利用全新的数字技术,将传统生产流程转化为定量的数据,构建信息物理系统(CPS),便可以通过数字处理技术虚拟实际的物理空间,从而设计业务模式和生产模式。数字化转型的赋能价值体现在企业生产经营活动中,如研发、采购、制造、检验、运输、销售、服务等环节,带来更高的经济价值。

一是产品研发环节。(1)研发试验上,企业可以通过对大量历史试验数据的深入分析以及基于人工智能技术的模拟测试,有效降低试验试错成本,简化试验过程,从而提高产品研发效率。(2)研发组织上,企业可以使用云存储工具,收集、管理和存储研究活动数据,高效管理研究成果、知识产权和其他专有机密数据。(3)研发方向上,企业可以通过采集分析用户的海量购买评价数据,掌握市场需求和用户偏好,降低企业生产和用户需求的信息不对称,提高产品研发的市场精准度,减少研发风险。

二是采购管理环节。企业采购人员可以登录线上采购管理平台,实时查看所有过去和当前的支出情况,也可以参考前端各类交易数据和市场情况,做出更高效合理的采购选择。一些"一站式"云端采购平台或供应商资源池,通过资源共享的形式,帮助企业更便捷地进行采购寻源。

三是生产制造环节。以数据积累为基础的机器学习技术,可以替代重复性高的机械化作业或精细度要求特别高的工作,有利于降低人工造成的信息误差,提高生产运行效率,也可以用智能机器人替代高危人工作业,减少员工安全事故的发生;在生产流程中,也可以不断进行各环节各流程的参数优化,有效降低次品率和物料损耗。

四是质量检测环节。真实并可溯源的海量质检数据可以帮助企业摸清产品质量的整体情况,同时,对数据的进一步深入分析可帮助管理者获得持续改善产品质量、提高产能的有价值信息,从而针对性地对设计、生产环节进行改进,达到提升质量管控能力、提高生产效率的效果。例如,运用质量监控智能环境技术,利用物联网条码和射频识别等技术,对生产各环节进行信息记录和质量安全的跟踪管理,通过建立全流程可追溯系统,满足企业精益化的生产需求。

五是物流运输环节。企业可以通过算法对运输配送的需求和供应者进行在线匹配,降低运输耗时和运输成本。货运商更可以通过数字平台实时获取公开透明的货运报价并可以在线预订,获取订单之后更可以通过数字平台实时追踪货物的运输状态。

六是销售推广环节。通过抓取用户在互联网上产生的多维数据,进行客户精准画像,将"广撒网"式的地推营销升级为分层分级的精准推送。通常来讲,营销的本质就是发现并满足需求,而精准投放的广告投放能够提升消费者对产品的好感度和认知度,精准捕捉到潜在目标客户,大幅度降低商家的获客成本。

七是用户服务方面。企业可以通过对用户使用状态的远程监测,为客户提供个性化、差异化的售后增值服务,提高客户忠诚度,也可以更好地向研发制造端反馈用户需求。例如现阶段许多汽车4S店的数字化服务体系建设就在不断提升车主用车及售后服务的体验。数字化转型使得商家更关注客户需求,对车辆状态的监测可为客户提出适时的保养检修提示,使得客户用车体验更加贴心便捷,满足客户需求的同时,也有助于品牌方赢得客户信任、增加客户黏性,进而提供更多增值服务。

2. 数字化转型提升行业产出效率

一是国务院发展研究中心课题组2018年发布的《传统产业数字化转型的模式和路径》中指出,数字化转型可以通过新一代信息技术的应用,构建数据的采集、传输、存储、处理和反馈的闭环,破除不同行业的数据壁垒,提高产业运行效率。(1)数字化转型为打造信息化、高效率的物理生产系统创造条件。在投产前,传统行业企业可以通过建造虚拟工厂,不断进行模拟调试优化生产流程,提高流程水作业效率,提高产业化能力。(2)数字化转型有利于拓展产业链和服务渠道。通过区块链、物联网等手段,向产业链上游追溯,可以溯源至产品原产地和上游供应商,有利于对于产品质量评估和供应链管理,避免供应链断裂和风险问题;运用互联网、物联网、移动终端等技术,连接生产行业与产业链下游服务行业,让生产企业第一时间获取用户的反馈信息,不断提升产品价值。

二是技术的升级带来协作方式的改变,推动行业产出效率的提升。(1)在线教育通过提供包罗万象的知识资源、新颖的互动模式和精细化的教育服务,满足人民日益增长的对知识的渴求。这种灵活自主的教学方式也让大家可以充分利用起碎片化时间,为自己加油充电。伴随着人们对教育重视程度逐年上升,同时考虑学生升学考试压力的不断加大,三孩政策开放等诸多因素,在线教育能显著降低大家获得优质教育资源的成本,起到了一定的推动教育资源的均衡分配作用。(2)越来越多的医疗服务机构利用计算机信息技术及人工智能等现代化手段进行数字化转型,医患在线交流平台就是快速发展的一个医疗数字化转型例子。无接触式的在线诊疗受到了欢迎,不必前往医院便能得到医生的专业诊疗服务,既方便了患者的就医,又能避免医院中人与人之间的密集接触。医药电商则是医疗服务快捷化的另一个体现,足不出户就能获得所需药品,这种全新的服务模式更是给予了很多年长患者或行动不便患者极大的便利。利用数字化技术进行远程诊疗则能推动医疗资源的平衡分配,使得边远地区的患者也能得到一流医师的诊疗服务。病例的数字化管理则为病人个体的慢性病情监控提供了技术支持,同时通过大数据监测分析,卫生健康主管部门可高效地获取最新流行病学数据等。医保系统的数字化建设则可满足患者的异地结算等需求,降低患者负担,为人们的健康多提供了一份保障。(3)政府的数字化转型可以全面提升其政务治理水平,利用数字化工具,可以大幅提高决策的科学性和精准性以及政务服务的便捷性和有效性。数字化转型可使得政府政务工作更加规范化,提升政务服务的透明程度。优化、简化政务处理流程,为广大人民提供更加便利的政务服务。提升政府数字治理的一个核心在于业务的合理整合,实现部门间业务协同、实现政务流程的整合,从而提高政务服务效率,为人们树立高效工作形象。这也能很大程度上优化辖区的营商环境。在监管方面,政府可借助数字化转型打通各平台之间的数据信息,彼此之间的数据核对也会更加便捷。

(二)数字化转型促进产业融合

1.数字化转型让企业边界变得模糊

数字技术的发展极大促进了产品、劳动力以及数据信息的快速流动,促进了全球经济一体化的进程,市场规模发生巨大变化。在数字经济时代,市场的交易方式也发生了巨大转变,如淘宝、京东、拼多多等电子商务平台的蓬勃兴起,改变了传统线下购物方式。为应对这些变化,企业边界也变得逐渐模糊。

罗纳德·科斯(Ronald H. Coase)在《企业的性质》中指出,企业之所以存在,是因为相比于市场,企业更可以节约"交易费用",而当市场交易费用减少的边际成本等于企业内部管理费用的边际增加量时,企业的规模不再扩张,此时的企业规模就是企业的边界。

可以看出,交易费用是影响企业边界的重要因素之一。而数字技术的应用降低交易费用,在数字经济下,数字技术的应用降低了交易成本,主要体现在以下三方面:(1)数字技术降低资产的专用性、促进资源开放共享。信息不对称、替代资产少、转移难度高等因素,都会造成资产的专用性较高。数字技术的应用,可以打破信息壁垒,寻找资产替代品变得更为方便,资产地域专用性的限制得到了极大缓解,资产专用性得到缓释,交易费用进一步降低。依托于大数据技术和移动终端的共享经济的出现,让闲置资产得以为更多人服务,降低了资产专用性,降低了交易成本。如在P2P租车平台上,汽车拥有者可以将闲置的私人车辆,租赁给有用车需求的人,在提高闲置资源利用效率的同时,也降低了环境污染。(2)数字技术缓解企业之间的信息不对称问题。信息不对称会导致市场资源配置效率下降,甚至影响社会公平。信息技术的发展,让企业信息实现实时互联,降低搜索成本,极大缓解信息不对称问题。"电子眼"、个人征信记录等信用信息的有效记录,一定程度上抑制了欺诈犯罪行为。(3)数字技术能够降低企业发展的不确定性因素,避免无效生产。通过数字技术应用,企业可以实时获得用户信息,结合最新的用户需求调整产量及价格,减少库存积压和产能过剩。

2. 数字化生态成为产业组合的基本单元

在现代化经济中,任何一家独立的企业都不能完全满足用户需求衍生的一系列业务活动。现代化的商业环境是一个相互依存的网络,网络中的个体相互连接,共同创造价值,满足用户需求。数字技术能够帮助企业间的建立联系,促进数据实时共享,实现业务无缝对接,提高企业对用户需求的响应速度,成为产业发展的新动能。数字化连接既可以在上下游企业之间,也可以在跨行业企业之间进行,这种连接可以突破传统行业壁垒对企业发展的束缚,推动产业跨界融合,并促进数字化生态的形成。

数字化生态是由一群利益相关企业通过数字技术相互连接,创造用户价值的生态组织体系。随着数字技术的发展,企业不再将数字化生态视为提高效率和产能的工具,而是实现自身发展的全新模式。在数字经济时代,产业组织的基本单位不再是企业,不同企业以同一用户价值为连接的数字化生态。数字化生态聚焦用户实际需要,通过引入和整合更多的生态参与者,增加产品的附加价值,为用户提供更高质量的体验。

数字化生态所能创造的价值远超任何一个企业,也为形成产业规模经济创造了条件。王晓玲、孙德林在《数字产品及其定价策略》中指出,数字产品具有固定成本高、边际成本低的特点。随着固定成本投入后转变为沉没成本,提高信息产品的使用频率,降低产品的平均成本,创造更多的产品价值,成为企业经营的主要目标。互联网经济具有极强的外部性,随着参与者数量的增加,网络价值呈指数增长,更有利于促进用户价值的供给,提升产业生态的活力,形成数字生态的规模经济。

数字化生态可以满足用户的碎片化需求,并凸显"长尾效应",由合作参与者产生的网络协同能进一步提高用户黏性。利用数字技术,用户可以摆脱单一企业供应产品的限制,自主地选择数字化生态所提供的产品性能,并决定如何将这些性能结合起来。现如今,用户需求日趋多样化和个性化,生态参与者的业务多样性成为提高用户价值和促进数字化生态活力的重要因素。

一个完整的数字化生态包括创造用户价值的基本商业活动以及其他实现用户价值传递和维护的辅助活动。参与者的不同行为决定了其在生态环境中的作用差异。参与者可以分为两类:(1)核心企业,通过在系统内开放资源,如资本、知识产权等生产要素,建立合作关系,发挥主导作用,引导价值创造,发挥连接客户、整合碎片化价值和价值供给作用。(2)辅助企业,负责根据核心企业的指引,创造碎片化的价值,负责做好业务协同和配合。为实现用户价值创造的生态系统目标,各参与方作为子系统除了发挥其自身的业务作用外,还需要与其他参与方加强业务协作,形成价值创造的范围经济。

(三)数字化转型引发产业组织竞争模式变革

1.数字化转型使企业间竞争变得更加激烈

竞争机制是商品经济的重要产物,能够最大限度地刺激市场主体的能动性和创造力,是市场经济的核心动力。通过市场主体之间的竞争,市场经济体制和自发调节机制逐渐自发建立起来。党的十九大报告指出,经济体制改革必须以完善产权制度和要素市场化配置为重点,实现产权有效激励、要素自由流动、价格反应灵活、竞争公平有序、企业优胜劣汰。数字技术引发的科技革命和产业变革,重构了国家与国家、区域与区域、行业与行业、企业与企业之间的竞合关系。

数字化转型在企业之间建立的虚拟连接,打破了物理空间等传统因素对企业发展的束缚,让企业得以融合发展,并消除了传统的行业壁垒为跨行业企业带来的"陌生的困难",企业之间的竞争变得更为激烈。根据世界经济论坛发布的《消费市场的未来运营模式》报告中称,1920年左右,标普500指数公司的平均寿命超过60年,但近年来已缩短至15年左右,并且下降趋势还在加剧。数字化转型重塑了企业竞争模式,也改变了引领产业高质量发展的竞争机制。

2. 数字化生态成为新的竞争主体

产业之间的竞争表现为资源配置效率的竞争。在数字经济时代,用户价值是引导资源配置的关键要素。云计算、大数据等新型数字技术可以对市场需求进行科学、系统的分析,减少信息不对称的约束,并为企业提供更多的质量信号,这些质量信号能够引导市场势力,让资源要素向用户价值创造效率更高的产业领域倾斜。同时,数字化转型打破了传统产业边界限制,降低了企业协作成本,为产业组织演化为生态体系提供了基本条件,数字化生态竞争成为新型的产业组织竞争关系。用户价值创造的质量和效率成为数字化生态竞争的核心指标,围绕用户价值,数字化生态之间的竞争关系可以分为三种,分别是产业组织内部生态竞争、生态内部的参与者竞争和产业组织内外部生态竞争。

(1)产业组织内部生态竞争

产业组织内部存在多个数字化生态,这些生态主体围绕同一用户价值进行直接竞争。数字化生态的竞争中,核心企业至关重要。数字化生态的竞争优势由核心企业的用户连接、碎片化价值整合、价值供给方面的综合能力决定。此外,生态中的辅助者在竞争中的作用,是与其他参与者协同合作,创造碎片化的价值。

a. 核心企业在用户数据获取的量、质、面上具有绝对优势,能够采集丰富多维的用户数据,用于用户行为的分析预测,在用户连接上具有相当优势。

b. 除了用户连接,核心企业还需要扩充数字化生态的规模和多样性,争取更多辅助者参与生态,增加生态创造碎片化价值的能力。

c. 核心企业可以按照用户需求,对辅助者创造的碎片化价值进行高效整合,为用户创造个性化的价值。

d. 核心企业可以通过数字技术和数字化生态网络实现用户价值的高效供给,为用户创造更多的时空价值。近年来,腾讯公司借助互联网的快速发展,以微信、QQ社交产品起家,投资了美团、拼多多、京东和小红书等电商平台企业,打造了"新型社交生态圈",并以"兴趣+社交"策略布局电竞、游戏等垂直领域,更精准、快速地触达用户需求,为用户创造了社交产品供给的时空价值。

(2)生态内部的参与者竞争

为提高生态本身的竞争优势,数字化生态内部必须源源不断地进行自我迭代,在内部升级过程中,优胜劣汰的竞争机制同样适用。

a. 对于核心企业来说,为了维护核心优势和枢纽地位,需要持续扩大用户连接范围,增强数据获取能力,提高用户价值的供给效率,并需要通过不断更新生态内部共享的重要技术来提高辅助者的协同作用。如果在用户价值供给和技术贡献两方面缺乏优势,核心企业不再具有竞争优势,将会被更有优势的企业所替代。

b. 对于辅助者来说,其竞争优势的关键在于能够在核心企业的引导下创造满足用户需求的碎片化价值,同时能够与其他参与者形成高效协同的合力,这两方面的竞争优势是决定辅助者是否会被替代的关键。

(3)产业组织内外部生态竞争

数字化转型打破了传统产业间的"围墙",外部参与者进入产业组织内部的阻力减小,内部生态将而临更多的外部竞争压力。随着规模经济、沉没成本、技术优势等产业进入壁垒被削弱,企业为了降低协作成本而采取横向和纵向一体化发展的战略被取代,企业跨界合作成为产业组织发展的常态。在数字经济时代,企业生存和发展的重要理念是做好用户响应。为了应对外部生态的竞争,内部生态选择的策略应是强化数字化转型,通过整合供应链、产业链和价值链,建立高效的价值网络,实现更有效的价值创造、传递、协同和交付。例如,阿里巴巴、京东、拼多多等互联网企业通过跨界整合,持续扩张,对传统线下零售产业造成巨大冲击,传统零售企业需要通过数字化转型,强化价值网络建设,做好用户响应和用户价值供给,以应对互联网企业进入零售行业的竞争压力。

(四)数字化转型推动产业结构升级

我国经济进入中高速增长时期以来,面临着"产能过剩"和"供给缺口"两大结构性问题,推进产业升级已是当务之急。(1)数字技术的发展,引爆信息产业的兴起,缔造了数字经济发展新模式,为我国国家经济发展提供了新引擎。

第四章　数字化转型及安全管理

在数字技术的发展机遇面前,应以数字化转型为动力,推动产业组织结构升级,助力产业实现高质量发展。(2)数字转型提升了产业效率,促进了产业跨界融合,加速了要素流动,优化了资源配置机制,推动产业技术升级。(3)数字化转型重构了产业组织的竞争模式,强化生态竞争机制,有利于提高资源利用效率,推动产业组织优化。(4)数字化转型也改变了传统产业的经营理念,为我国产业结构升级提供了解决方案,具体表现为:洞察用户价值、提高全要素生产率、增加产品附加价值和形成现代产业体系。

1.数字化转型帮助企业洞察用户价值

一是数字技术不仅强化了企业与企业之间的联系,促进企业跨界融合,同时也加强了企业与用户之间的互动。(1)数字化转型使用户直接参与产品生产流程。在传统生产关系中,用户作为产品的被动接受者,难以参与到设计流程中。数字技术的发展,让用户有机会深度参与产品设计和生产,赋予了用户对产品自主选择的权利。用户通过参与到企业的生产活动中,获得个性化的产品供给,市场力量也由供给方向需求方转移。(2)数字化转型加强用户需求与市场供给之间的匹配。用户需求具有多元文化特性,数字技术可以在用户需求和企业生产决策建立联系,明确企业产品制造与创新的方向,帮助企业降低试错成本,企业可以集中精力在特定产品的供给与迭代上,提高市场供需匹配效率,增强竞争优势,并进一步打破低效以及无效的供给。(3)数字化转型在企业与用户间建立实时互动。新型生产关系下,用户价值成为影响产业发展的核心因素。数字化技术为企业与用户建立了实时互动、反馈价值的联系,提高了企业的生产效率。

二是数字化经济下,寻找市场缺口,快速供给,是企业获得竞争优势和提高用户黏性的关键。企业级用户数据的实时分析,有助于企业迅速掌握用户需求的变化,做出合理的反应。通过用户体验过程中产生的大量数据,为产品迭代升级和用户价值增长提供了支持,同时,用户群体的扩大也给产品创新带来了规模经济效益。公司抓住每一次市场机会的同时,也带来了许多新的机会,而发现新机会能比升级现有产品创造更多价值。

三是数字化转型创造了新的商业运作模式。当企业的经营重心从供给侧转移到需求侧时,生产服务模式也由批量生产转向了个性化定制。通过数字化连接,用户端的价值流对企业物流和生产活动的调度产生实时影响,从而降低运营成本,提高库存管理效率。一种新的商业理念随之兴起,即从发现需求到快速供给和扩大规模再到产品升级,最后回到发现需求的价值循环。而人工智能等数字技术的应用加速了信息流的传递,提高了生产效率,通过需求侧推动供给侧质量提升,促进了产业结构升级,符合我国目前供给侧结构性改革的主要思路。此外,基于数字化连接实现企业间闲置资产的共享,为化解过剩产能提供解决方案。

2. 数字化转型提高全要素生产率

数据作为数字经济的核心生产要素,在促进产业效率提升的同时,可以通过引导土地、资本、劳动力、能源等传统生产要素由低效率行业向高效率行业流动,优化生产要素配置效率,带来全要素生产率的"加成反应"。企业可以利用实时采集的数据,及时持续地修改反馈分析结果,据此第一时间调整和优化生产要素配置。以数据为基础的人工智能技术虽然可以替代程序性业务中的劳动力,但劳动力不会丧失价值。因为人工智能具有一定的局限性,只能结合已发生的数据进行分析,无法对组织战略进行解读,也不能对组织活动进行重要性排序。基于机器算法的资源配置具有显著的时效性,对于机器常识的过度依赖会使组织陷入战略困境。在已有程序的约束下,人工智能对异常信号的判断会产生偏差,增加不必要的管理成本。因此,企业可以将劳动力配置到需要创新创造的非程序化工作中,让员工可以更好地发挥主观意识的优势,并增强组织的创新能力。

用户数据的积累,可以帮助企业实现对用户价值的挖掘以及对竞争对手行为的分析,提高产品创新能力,增强企业对市场需求变化的反应能力和调整能力,提高企业资源要素配置效率与竞争力。但用户数据的规模对于预测是否准确具有直接影响。数据规模大、层次多、来源广泛,可以减少数据分析带来的误差,提供更广泛地分析维度和角度,反之,数据规模小、层次少、来源单一,只能反映有限的数据价值,分析结果就会不准确。因此,数据能够发挥价值的必要条件是数据规模大、维度多、来源广泛。为达到这三个必要条件,数字化生态系统内部需要加强数据流通和开放源代码,还应通过共享技术协议和算法,促进生态内部参与者之间的技术协作,共同提高数据技术能力,来保证生态系统内部数据处理能力的平衡。

3. 数字化转型增加产品附加价值

创新是提高产品附加价值的必要条件,"人无我有、人有我精"的创新精神是企业获得竞争优势的关键,是推动产业创新升级的重要引擎。在数字经济时代,产品供给速度飞快,为抓住日新月异的市场变革机遇,企业不得不紧跟时代的快速步伐,提高创新速度。但生产线等硬件设备的创新往往周期较长,难以满足高速的创新需求。而软件业务升级所需周期短于硬件设备,更有利于企业抓住新的市场机遇。通过加强软件创新来增加产品附加价值,成为企业实现创新的一把新"钥匙"。

互联网的发展为企业和用户之间的沟通交流创造诸多便利,也塑造了共创体验这一新的商业模式。数字技术可以让企业及时感知用户需求,用户也可以便捷地参与到企业市场活动中,企业和用户之间形成一种共创体验。企业可以从中获得更高的用户黏性,用户可以赋予品牌和产品更多的价值认同。共创体验是一种开放的关系互动体验过程,用户参与企业研发、生产、营销等活动环节,通过体验共创,实现产品价值共创。在共创体验中,用户不再作为一个被动的参与者,而是扮演一个积极主动的决策者。而企业可以将用户视为一种操作性资源,获得更多直接的市场反馈。数字连接实现了用户和企业之间的随时随地的一对一的交流,帮助用户获得个性化的体验。交互频率的提高还有助于企业更准确地把握用户的需求趋势,而交互性所产生的数据可以促使企业不断更新产品和服务,提高产品附加价值。例如,一些商家开启了个性化产品定制服务,消费者可以在官网或实体店提交自己的个性化需求,如依据自己的喜好选择不同颜色和材质的原料、自主设计鞋子或服装的图案等,就可以获得独一无二的自主定制产品。在产品推广环节,一些商家建立了网上社区,允许消费者在平台上互相讨论、对优秀产品进行投票,增加产品人气的同时,也为用户提供了一个社交平台,增强了用户深度黏性。数字转型促进了制造业服务化和现代制造服务业的发展,对调整产业结构、增强制造业自主创新能力具有重要意义。

4. 数字化转型利于形成现代产业体系

现代产业体系是现代化经济体系中的宏观产业结构,加快产业结构升级,构建现代产业体系,有利于现代化经济体系全面实现,符合人民日益增长的美好生活需要，也是解决不平衡不充分的发展问题的有效办法。盛朝迅在《构建现代产业体系的瓶颈制约与破除策略》一文中指出，构建现代产业面临诸多瓶颈，受劳动力等生产要素价格上涨和经贸摩擦等外部因素影响，我国实体经济发展趋缓，实体经济低端产业盈利能力下滑，面向高端产业升级的动力和能力严重不足。我国在科技、金融等人才培养方面存在不少短板。目前，以数字经济为引领，以创新为导向，加快产业结构优化升级，打造现代产业体系新业务，是摆脱产业升级困境的必由之路。"十四五"规划建议提出，要"加快发展现代产业体系，推动经济体系优化升级"，并提出要大力发展数字经济，推进数字经济和实体经济的深度融合，打造具有国际竞争力的数字产业集群。在数字化生态的产业竞争机制作用下，以用户价值为导向，通过数字技术重构产业组织结构，使产业技术在动态进化中实现迭代升级，推动我国产业在全国价值链体系中向中高端持续攀升。

数字转型有利于推动我国产业体系对外开放，提高参与国际竞争和开发合作的创新能力。涂圣伟在《我国产业高质量发展面临的突出问题与实现路径》一文中指出，在全球产业链、价值链中，我国产业分工体系长期处于中低端，核心竞争力不强，与发达国家差距明显。我国产业实现高质量发展面临困难，既有历史因素导致的"路径依赖"，也有国际因素带来的"低端锁定"。目前，物联网、大数据、云计算、区块链、人工智能等数字技术正在重塑全球价值链。面对发达国家核心技术、高科技人才资源等的限制，我国企业应紧抓新一轮科技革命带来的机遇，通过数字化连接整合全球资源，发展数字化业务和关键技术，加速数字技术在现实生活中的商业化应用，促进产业合作网络、产业链和价值链的创新组合，形成新的比较优势，实现产业发展的倍增效应，强化新一轮全球产业竞争中的主导地位。

二、企业数字化转型能力和转型程度评价

在企业数字化转型漫漫征程中，经常会遇到一些问题，如企业到底应该具备什么转型能力，转型到了什么程度，回答这些问题能够帮助科学掌握企业数字化转型的进展和成效，辅助管理者判断数字化转型方向、方法是否正确，实施过程中各项举措的时机是否合适、投入产出是否经济等，进而在后续数字化推进过程中及时修正措施，达到优化企业数字化转型结果。

第四章 数字化转型及安全管理

(一)数字化转型能力评价方法探究

一般而言,企业数字化转型可从生产层面和组织层面着手,其中生产层面包括制造技术、生产流程,组织层面包括企业组织结构、人员构成。不少业内人士、学者也对数字化转型能力评价方法进行探讨,比如,陈畴镛等在《制造企业数字化转型能力评价体系及应用》一文中认为,制造企业数字化转型的核心是将数据视为关键要素,将IT技术渗透到企业生产运营中,推动企业各方面的变革,最终提升企业在数字经济中的竞争力,并从技术变革、组织变革和管理变革三个方面探究了制造业企业数字化转型的指标体系。

1. 技术变革

云计算、大数据、边缘计算等技术发展与盛行,为企业业务数字化建设提供有力支撑,而5G、工业互联网等技术的出现和繁荣,进一步加速企业对数字化基础设施的革新,进一步为企业在这个时代的创新和进步提供坚实保障,帮助企业完成数字化转型,升级原有产品及服务,探索新的业务范围和业务领域。在这个阶段,国内外也有互联网大厂整合相应的软硬件技术,提供相应的云计算基础设施以及云服务,助力各类企业快速上云。在技术方面,可考虑选取数字化基础设施建设、数字化投入、数字化研发成果三方面作为相关的评价指标体系展开探讨。

(1)数字化基础设施建设

数字化基础设施一般包括存储、计算、网络等设施,相关参数可以作为数字化基础设施的具体指标。此外,物联设备的普及程度、相关基础设施的可靠性与安全性也可作为重要的评价指标。a. 存储指标是企业对其所有信息存储能力的直观评价,一般而言企业越大、使用数字化技术越多,其产生的数据量就越大,而这些数据的存放与管理需要存储能力来支撑。

b. 算力指标是企业对其信息运算加工能力的直观评价,尤其是大数据、人工智能等新兴技术,极为倚仗庞大的运算能力,企业收集使用的数据越多、智能化程度越高,对算力要求也就相对较高。

c. 网络指标是企业对其信息交换、运送能力的直观评价,高带宽、低延时的网络也是企业做数字化、精细化管理的重要前提,一般使用内部主干网带宽、互联网接口带宽作为具体的量化指标。

d. 物联设备的数量、覆盖度是企业对其数字化运营细节的把握程度,尤其是对制造业这种有大量实体生产经营场所的企业至关重要,这些设备可以替代人对设备、生产线、厂房、库房、车辆、园区等多角度、全天候的监控与采集。

e. 基础设施的可靠性使用服务水平协议(Service Level Agreement,简称SLA)来衡量,通俗地讲就是基础设施"掉链子"的可能性,高SLA的基础设施绝大部分经营时间都能正常工作,支撑企业业务平稳有序运转。

f. 基础设施的安全性是通过自评与检查等方式量化企业在安全方面(如物理安全、网络安全等)采用措施的充足程度来进行综合评估。

(2)数字化投入

数字化投入是测算企业为推动数字化转型所付出的代价,相对而言投入越高则越重视转型工作、更有可能率先达到转型效果。评价数字化投入的指标主要从资金在数字化转型中业务、设备、人员等多方面投入情况的考量。此外,充分与行业的平均水平比较,也是一个较为客观的横向指标,反映企业在行业内对数字化转型是否激进或者保守。设备投入、运维投入、安全投入的绝对金额和占营业收入比例,反映了企业对数字化基础设施持续投入的意愿和力度,这些投入一般要与业务发展规模相匹配。新产品研发投入、新技术研发投入、数字化技术采购投入的绝对值和占营业收入的比例,也是支撑企业数字化进程的重要指标,合理的投入可以增强转型的成效。

(3)数字化研发成果

数字化研发是企业数字化转型工作中重要的产出物和强烈的驱动力。这个方面可选取企业的专利申请总数和人均专利数、新产品产值和产值率进行考量。专利一般分为发明专利、实用新型专利和外观设计专利,相对而言,发明专利的申请门槛更高、申请周期长、保护时间持久、保护对象广泛,实用新型专利和外观设计专利申请相对容易、申请周期短、保护对象的范围有限。企业需要重视专利的创新以保护其在后续的经营工作中具有排他性的核心竞争力。新产品产值是企业在一段时期(比如一个会计年度)内其新产品、新业务产值水平以及占企业总体产值,这是反映企业能否将研发成果有效地转化为其业务转型的能力。

2.组织变革

数字化时代的消费者越来越重视个性化需求的满足,这也使得企业必须合理使用数字化技术以应对瞬息万变的市场。可通过组织架构和人才储备相应的指标体系来反映组织变革能力。

(1)组织架构

合理的组织架构能让数字化转型的推进工作"如丝般顺滑",也进而可能影响公司整体应对内外部变革的效率。数字化牵头部门的地位和企业的组织架构层级数量可以作为相应的量化指标。

a. 数字化牵头部门的核心工作是高效地推进转型工作,因此,一般而言其地位越高,转型工作就会更为顺畅;如果转型牵头部门不能占据主导地位,其他业务部门或管理部门有其本身的经营目标和考核压力,容易出现对转型工作的重视程度不足的情形。

b. 公司组织架构的复杂性与转型能力呈一定的负相关性。相对而言,公司组织架构层级越多、机构之间的壁垒就越高、部门之间协作的难度就越高;而扁平化的架构中,公司的管理层级数量是有一定限制的,这更易于应对日新月异的外部环境,提升转型工作的整体效率。如以腾讯公司为代表的互联网巨头以及以海尔为代表的制造业,都推崇平台化的组织模式,减少组织架构层级、充分发挥每个团队和个人的积极性,鼓励小团体的内部创业。

(2)人才储备

科技引领的转型工作中,人才的储备和培养从来都是重头戏,充足的人才是数字化转型工作成功的一个关键因素。评估企业数字化人才储备实力的重要指标包括员工数字化技能的覆盖程度、数字化人才绝对数量和人员比例。a. 数字化技能是数字化转型后的人员必备能力,该项技能的覆盖度越高,说明企业员工的整体数字化素质较高,员工对数字化设备的操作更为熟练、对数字化系统的使用更为顺手,进而数字化技术的效能越高。b. 数字化人才是推动企业技术发展的长期支撑。人才储备数量和相应人员占总员工的比例是企业的软实力指标,能够反映出企业在数字化人才培养的重视程度,最终体现的是企业的数字化转型动能是否长久。

3. 管理变革

企业通过数字化转型促进物理世界与数字世界的融合,促进生产、销售与管理等业务的融合,以扩大收入范围、降低生产成本、提升运营效能。评估管理变革,考虑对业务、生产、财务方面的数字化管理相应指标进行分析。

(1)业务方面

业务方面的管理数字化是数字化转型工作中较为容易出效果的部分,其描述的是企业与外部交互环节中数字化技术使用情况。评价企业该方面能力,可以选取数字化采购比率、数字化仓储物流比率、数字化销售比率、个性化订单比率作为相应量化指标。a. 数字化采购比率是通过电子商务等数字化渠道进行采购的金额与总采购金额的比值,相比传统线下采购渠道,数字化采购渠道能有效提升采购效率、降低采购成本。b. 数字化仓储物流比率是数字化技术管理的仓储物流占总体比率,企业可以通过数字化技术实现对库存的实时管理、按需调配,降低企业的库存成本。c. 数字化销售比率是企业通过数字化渠道进行销售的金额占总销售金额的比率,数字化渠道一般而言能有效降低销售活动所产生的成本,并且依赖这种方式还能收集相应数据,反向对企业的采购和生产活动提供决策依据。d. 个性化订单比率是企业接收个性化生产需求占总体需求的比率,相对而言企业能够根据不同客户的需求定制化生产产品时,其应对外部环境变化的适应性就越强。

(2)生产方面

生产方面的管理数字化是企业数字化转型的关键。对于新兴行业的企业而言,其产品一般与数字化技术高度相关,因此本小节重点讨论传统制造企业的评价指标。a. 接入企业 PCS(Process Control Systems,过程控制系统)或 MES(Manufacturing Execution System,制造执行系统)的生产设备数量和比率是评价企业的数字化生产设备投入、设备互联互通的能力,这是企业依托数字化技术开展生产工作的抓手,也是企业的个性化、智能化生产的前提条件。b. 生产作业自动化编排比率,该指标反映的是企业能够通过数字化手段对各生产环节的管控能力,可以根据采集到的数据对生产过程进行追溯和优化,有助于实现产品用料用物用时的实时监测、实现产品生命周期的细致监控、实现产品质量与工艺效能的严格管理。

(3)财务方面

评估处于数字化转型阶段企业的财务能力,主要是关注其财务管理能力和对各项业务的保障程度。根据评估目的,可以选取 ERP 系统覆盖率、存货资金占用率、营运资金周转率作该项能力的指标。

a. ERP 系统用于打通企业的物资资源(物流)、人力资源(人流)、财务资源(财流)、信息资源(信息流),汇集各个环节数据并作为企业经营、管理、决策的重要依据。

b. 存货资金占用率描述的是企业对存货的依赖程度,一般而言存货占用资金越高,其经营风险相对较高;而理想的数字化生产中,是先有需求再有库存,其存货对资金的占用是有限的。

c. 营运资金周转率体现的是企业经营的资金利用效率,较高的周转率意味着企业对营运资本运用较为高效。

(二)数字化转型程度的评价标准

数字化转型趋势已成为各行各业的共识,行业、企业希望通过数字化转型带来新的生机、实现跨越式增长,政府希望通过数字经济促进经济健康发展、社会效用提升。不同行业和企业的业务流程不同、内在基因不同,在数字化转型道路选择和评价标准上会有差异。相对而言,在数字化 IT 架构类型、数字化投入方向和数字化与业务结合程度这三个方面会有一定程度的共性,以下就这三个方面探讨评价企业数字化转型程度。

1. 数字化 IT 架构类型

数字化 IT 架构演进是企业数字化转型的必经之路,可以从一个维度来反映企业数字化转型的程度。一般而言,IT 架构的演进路径是:

(1)传统 IT 架构,即从物理设备开始定制化自建整套 IT 基础设施和系统。

(2)私有云或公有云,即通过建设或采购统一化、标准化、云化的 IT 基础设施来满足数字化需求。

(3)混合云,即企业综合考虑实际业务发展、性能、安全等需求,融合私有云和公有云的基础设施和服务,具备丰富的连接能力和弹性伸缩能力,以兼顾企业经营发展和成本控制的 IT 架构。

(4)混合云平台+敏捷开发,在混合云基础上,通过沉淀或者购置通用的平台能力,基于敏捷化、低代码、无代码等方式快速开发以实现定制化业务需求,以适应内外部环境的变迁以及业务发展的需要。企业当前采用的 IT 架构类型反映了企业 IT 架构演进的阶段。

2. 数字化投入方向

随着企业数字化转型的推进和深化,其数字化投入方向会经历一个由"物理"到"虚拟"的过程。"物理"是指IT硬件设备购置和维护等开销,一般企业在数字化转型初期会有较大投入;而"虚拟"是指企业投入IT软件产品、服务的研发、购买和维保升级,一般在数字化转型的中后期开始会更侧重。对于广大中小企业而言,购置、管理、维护实体硬件设备的成本较高,部分设备可以直接采购云基础设施(IaaS)以降低前期投入;而许多平台或者软件也被做成了云服务,通过引入云平台(PaaS)或云应用(SaaS)来进一步缩减前期投入,集中力量聚焦转型创新、快速释放业务效果。

3. 数字化与业务结合程度

数字化转型中非常重要的工作是"业务数字化"和"数字业务化"。对于传统企业来说,"业务数字化"的程度,即通过数字化技术采集的数据范围、增强原有业务的程度,在转型初期反映企业转型程度的指标较为合适。"数字业务化"是基于企业收集了足够多的业务数据为前提,使用大数据分析、人工智能等手段进行产品体验的提升以及业务范围、业务模式的创新,在企业转型中后期,使用这类业务收入占比可以有效评估企业的数字化与业务结合程度。

重视数字化转型的资金投入固然重要,但是并不是衡量转型程度的绝对标准。投入的资金还需要与行业和企业当前数字化水平相匹配才能发挥更理想的效果。相比数字化转型中资金的投入绝对量和占企业总营收的比例,投入资金的回报周期可能更具反映数字化效能的代表性。该指标意义是数字化投入的成本在多长时间内能通过数字化加持的增量业务收入所覆盖。

三、企业数字化转型方法论

埃森哲等在《2019埃森哲中国企业数字转型指数研究》中指出,拥抱革新思维,向领军者看齐,中国企业需要拥抱革新思维,制定面向未来的数字化战略,推动研发、生产、用户体验的全面转型,并打造动态高适应性组织,推动全业务升级。不仅需要数字化工具,更需要数字化战略与管理;不仅要开拓数字化业务,也要全面提升自身的数字化能力,成为真正的数字化企业,从而释放数字转型的最大价值。成功的数字转型需要五大关键行动:

(1)聚焦前沿增长机会,制定面向未来的数字化战略。

第四章　数字化转型及安全管理

（2）建立高韧性、高扩展性和敏捷性的组织，支持业务的快速扩展和调整。

（3）产品服务全面智能化，实现全生命周期的用户差异化体验升级。

（4）打通研发、生产制造、供应链乃至最终用户，改造流程与模式，实现智能制造新价值。

（5）加速数字生态建设，不断拓展业务边界，并提升"新旧"业务协同，实现企业业务全面升级。

陈劲等在《数字化转型中的生态协同创新战略——基于华为企业业务集团（EBG）中国区的战略研讨》一文中认为，传统企业数字化转型有效途径是"生态协同创新"战略，该战略包括创新生态化、生态协同化、协同创新化。

近年来，我国经济呈现出一种新的态势，行业结构正不断被优化，许多传统行业的生存空间被进一步挤压，而以数字化行业为代表的相关新兴行业正在迎来猛烈的扩张。国内的各行各业都开始面临向数字化转型的需求，无论是能源、汽车等传统行业，还是通信、电商或等行业，都无例外。对于身处浪潮的各企业而言，数字化已经从锦上添花的定位，逐渐演进成事关企业生死存亡的高度。我们也从来没有像今天这样重视数据。在20世纪，各行业开启了波澜壮阔的电气化进程，从那时起，发电量成为一个判断企业发展情况的重要客观指标。而到了今天，采集了多少数据、使用了多少数据可能会成为一个判断企业是否能紧跟数字化浪潮的核心指标。

数字化转型萌芽于信息化进程。在各行业的信息化建设过程中，业界已经开始关注到其对企业顶层战略设计、架构规划等方面产生了深远的影响，并且根据建设经验总结出了一些理论、方法、工具。

牛顿说过，如果我看得更远一点的话，是因为我站在巨人的肩膀上。为了提供一个实践指导性更好的方法论，本书研究了不少业界知名公司提供的数字化转型方法论。限于篇幅，列举两个经典例子。

一是华为公司数字化转型方法论。基于海量的行业数字化转型的案例情况并结合华为公司自身的实际经验，摸索并总结出了一套帮助实现数字化转型的战略框架与战术工具集，基于许多实践案例提炼出具有普适性的要点，并形成"1—2—3—4"的方法，即坚持1个转型战略、创造2个保障条件、贯彻3个核心原则、推进4个关键行动。这套方法具有易理解性、广泛的适应性、较强的可操作性。作为企业数字化转型的一种行动纲领参考,该方法旨在帮助企业结合自身的特性和行业的基本情况,通过制定战略规划并付诸行动来实现企业在数字化浪潮中的自我进化。

二是艾瑞咨询介绍数字化转型方法论。艾瑞咨询在《2020年中国企业数字化转型路径实践研究报告》中指出,数字化转型较为可行的路径是从"局部"到"总体"。企业先自己或者借助外部力量梳理公司业务流程,找准数字化手段的提升点和实施路径,通过具体的业务需求和痛点出发,找到数字化解决方案并付诸实践,根据行动效果不断调整和更新策略,推广到其他业务环节和领域;这样,企业可在总体成本、风险可控的前提下,最终实现数字化的飞跃。

本书在研究许多业界成功数字化转型方法论基础上,结合团队多年数字化转型的实践经验,提炼并总结出了一套行业数字化转型的方法论。其中,行业数字化转型有两个关注层面,每个关注层面分别有3个要点,称之为"SOCIAL"模型。

(一)管理层面——制定企业战略、优化企业架构、引导企业文化

企业数字化转型的管理层面是站在全局的视角进行转型统筹、具体包括制定企业战略、优化企业架构、引导企业文化。

1. 制定企业战略

企业数字化转型战略,要求企业内部意识到这一重要趋势,认真思考、筹备面向未来的数字化转型战略,达成共识后全员自上而下地付诸行动,并根据行动的结果和外部因素不断调整。这里面有几个重点:思维的转变、战略的制定、战略的更新。

(1)思维的转变

企业领导者要想成功推动数字化转型,首先要从思维方式上进行彻底转变。转型战略制定需要充分认识到数字化的力量,发挥数字化的价值。数字化经营中,最大的特点之一是数据成了一种生产要素。围绕着企业的客户和最终消费者,认真运营企业自身数据和客户数据,结合一切对业务有帮助的外部数据,使用技术手段帮助我们思考和挖掘出客户的真正需求,从"有什么就卖什么"的传统思维,向"客户需要什么,我们就提供什么"的思维方式转变。转变思维会打开我们的脑洞,发现其中的价值,明确"做什么"的问题。而驱动这种供

第四章　数字化转型及安全管理

给端变革的重要力量,就来自数字技术——云计算、大数据、人工智能、移动互联、物联网等。最终突破传统模式的天花板,为企业经营带来"第二曲线",形成属于企业的可持续发展道路。

(2)战略的制定

转型战略是体现企业经营方向的方略,需要企业的中高层管理者共同参与制定。优秀的战略能够指导企业选择其适合的赛道,并在赛道上占得先机。数字转型战略应当在方向性、全局性的重要问题上体现决策,战略一般是如"某某技术必须重点突破自主可控""底层基础设施采购云服务"之类的有所为、有所不为的形态;而诸如"一年业内领先""三年全国第一"都不能称为战略。而为了不让战略像"空中楼阁"一样无法落地,一般需要更了解经营细节的企业管理层共同参与制定工作,这样能够尽力避免战略制定思想和执行环节脱节。

转型战略制定可以有外部顾问加盟,但更需要企业自身发掘答案。顾问的优势在于"见多识广"和"旁观者清"。咨询顾问并不是在一个公司内持续观察和思考,他们一般都会服务于多家公司,甚至多个行业,因此他们了解企业的各种特点和领导者的各类风格,了解足够多的企业成功和失败的案例,能基于丰富的经验为企业提供少走弯路的建议;此外,他们站在旁观者的视角,也更容易跳出企业领导者"当局者迷"的困境,观察和建议一般更为真实、客观。然而,数字化转型背景所处在当今日新月异的环境下,很难讲过去几十年甚至过去几年的经验放在今天是否依然适用。百年之前就有造电动车的车企,外卖也并不是近十年才有的发明,然而如今的特斯拉、美团,没有穿越百年的历史,却运用数字的力量在市场内立足、成为行业标杆。诚然,相比削足适履的生搬硬套,当代企业更需要边行动边学习,优秀的顾问能够像老师一样启发企业的管理者找到答案。即使没有顾问参与,只要本着"实践是检验真理的唯一标准"的精神,经过归纳、积累产出的战略,一般都会更为符合企业自身,也更顺应数字时代的特性。

(3)战略的更新

战略并不是一成不变的,而是要基于自身能力的情况、外部条件的变化不断调整以适应新的环境。现在由于发展节奏越来越快、市场竞争持续加剧,我们已很难准确预料两三年以后会变成什么样子,确实可能存在前期制定的战略预判与当下的实际情况有出入的情形。这就需要企业管理层的价值观相同或相近,基于内外部客观环境出发、基于企业一段时间内总结的经验教训,不断对原有的战略进行修正和优化;除此之外,也需要持续从市场上发掘出适合企业自身的新机遇、新赛道。比如,2020年的新冠肺炎疫情对企业的经营模式、人们的生活方式都产生了深远的、不可逆转的影响,有些数字化程度较高的零售商逆势增长,而数字化程度不高的商家经历了漫长的寒冬。无论之前企业战略如何,都需要不断基于时代背景来调整自身的战略。

数字化转型是企业层级的战略,是企业总体战略的重要组成部分。以战略为指引开展数字化转型,将大大提升转型成功的概率。

2. 优化企业架构

数字化转型需要有与之相适应的企业组织架构来支撑。对于许多现有企业的组织机构而言,转型是痛苦的,因为人的本性都是"懒惰"的,转型会使多部门、管理层和普通员工跳出自己的"舒适区"而进入一个全新的运作模式;因此,在战略执行层面上,必然要通过改变组织架构以击破层层阻力。经验告诉人们,新的战略很可能会对原有企业各部门的职责和协作产生冲突。对于所谓的"美差"而言,许多部门都为争相牵头打得"头破血流",有些"苦差"又没有部门给予足够重视而"无人问津"。这都可能导致企业内耗严重,高层的意志无法传导和执行。要想成功破局、推进数字化转型战略,需要配套的将企业组织架构进行调整,明确每个机构的定位、职责和边界范围,明确重要事项的责任主体,将战略分解到每个机构的目标,给其制定出合适的考核措施和奖惩机制。

除了上述方法之外,在适当的时机,还可以成立专门的数字化转型组织。该组织独立于原有的业务或者技术部门,拥有公司领导层赋予的较高权限,其职责是站在企业整体运营角度考虑,统筹各个部门共同构建技术与业务的协同运作机制,推进数字化转型的落地。如果由业务部门主导,可能会把满足业务需求作为高优先级,而忽视使用的技术标准差异或者接口差异,可能会有系统能力重复建设或者系统间无法有效协作的风险。而技术部门主导此类项目时,可能会过于强调数字化技术的运用,而忽视对业务整体的考虑,存在"碎片化"的风险。数字化部门统领转型是强调业务与技术的双轮驱动,可能会是权衡之下更能融合业务领域目标与数字领域战略的优选方案。

3.引导企业文化

要想成功推行企业数字化转型,少不了每一位员工的悉心付出。因此,企业文化也是务必重视的要素。优秀的企业文化,可以为员工营造良好的转型环境、充分赋能个体员工、激发他们的活力,形成数字化转型的中坚力量。为支撑数字化转型,企业文化中必不可少数字文化、变革文化和创新文化。

(1)数字文化

数字文化要求企业文化中改变传统企业管理中凭经验或灵感"拍脑袋"的管理决策方式,而是使用客观的数字来为决策提供依据。积极拥抱数字化,建立起基于数据进行决策、管理和创新的文化。大到是否进入一个新的业务领域,小到一次营销活动是否值得开展,基于数字的决策总比基于经验的拍板更加有理有据、令人信服。

比如,A公司的高层要求今年公司发展100个企业客户,作为销售部门的管理者和员工,如果使用了数字化的思路,把历史的营销记录都详细记录,调取A公司以前的营销数据就可以得知,每拜访10个客户,平均有3个感兴趣,每3个感兴趣的客户里,平均又能够发展1个客户,每个客户的平均拜访成本是500元,那么这个经营目标就会被分解成本年度要拜访1000个客户、拜访客户的成本是50万元。这一目标再按10个销售人员分摊,就能得出人均拜访客户100的目标数和人均拜访成本5万元的控制依据。可以很容易地想象,有这样清晰的数据作为决策依据,拜访任务的目标和成本不再靠经验估算,这个数据可以使每位员工对其自身的工作目标有更细致、更深刻的认识。

(2)变革文化

企业文化要鼓励员工拥抱变化、大胆探索,通过不断地自我颠覆来持续变革。对于企业的员工而言,变革意味着未来不确定性大大提升了,对于人类与生俱来对变化的恐惧和抵抗心理而言,变革势必会遭到来自既得利益团体的阻挠;然而,如果变革文化不推行,企业的转型将无从谈起。

举个简单的例子,传统的人力资源管理中,人事证明开具这一简单工作可能会耗费企业大量的经营资源,员工对制度不熟悉、对流程进度不了解,人力资源部门设置一套管理流程也会占用HR和管理人员许多的时间精力。如果把这个人事证明的业务流程线上化、无纸化、自动化,可能人力资源岗位员工在一定程度上会认为自己的"权力"缩小了,可以"卖人情"的手段没有了。然而,这样变革最终受益的是整个公司,人力资源部门需要自我颠覆来完成此次变革,最终会让人事证明的开具从几个工作日缩短到半天,甚至"秒批",这将显著减少员工和 HR 的不必要工作,给公司带来新的气息,员工对公司的体验感、归属感也会进一步提升。

企业高层领导也应当以身作则,通过其言语和实际行动来向员工们传达新的文化,让大家切实感受到变革文化的影响。当员工适应了新的文化后,员工就会与企业达成一种新的默契,这会极大提升企业转型工作的推进效率。

(3)创新文化

创新文化要求企业文化中具有创新精神、冒险精神、容错精神,不能害怕创新、害怕失败,只有这样,企业才能在数字化转型过程中更加积极和主动。阿里云现在贵为中国的云服务"一哥",也是世界范围内第三大云服务提供商,而回顾其发展历程也并非一帆风顺,而是经历了无数的质疑和否定。在 2008 年,王坚挂帅的阿里云前身"飞天"团队正式组建成立,在 2010 年阿里云团队正式对外公测其云服务,而一直到了 2012 年该业务的产出仍然远远比不上投入,用通俗的话说就是个"无底洞";这个时期,在阿里巴巴内部中,要撤裁阿里云的声音也不绝于耳。然而,公司高层多次从态度上、从资源上力挺阿里云,对云计算这一新生事物予以鼓励,对彼时的挫折予以宽容,对阿里云的冒险旅程予以了肯定和支持。2015 年起,阿里云渐渐有了起色,阿里巴巴自身的重要经营系统的存储和计算都成功"上云",2016 年其业务开始扬帆出海。现在阿里云已是阿里巴巴集团的核心业务之一,阿里云不仅是云服务行业的标杆、每季度营业收入已突破百亿元,也是支撑阿里系数字化技术体系和业务发展的重要"底座";而阿里云的创始人王坚,也已于 2019 年当选为中国工程院院士。可以说,阿里的创新文化帮助其在数字化进程中成功蜕变,在行业内占尽先机。

(二)执行层面——启动转型试点、扩大转型成果、推进转型生态

企业数字化转型的执行层面关注的是站在实施落地视角如何进行转型工作的计划和推进,具体包括启动转型试点、扩大转型成果、推进转型生态。

1. 启动转型试点

企业推动数字化转型,首先需要找准切入点,迈出战略执行的第一步。"不

积跬步,无以至千里;不积小流,无以成江海",第一步的成功至关重要,需要组建合适的团队、打造企业内典型案例,为后续"大部队"的规模化转型做好"前哨站"与"排头兵"。

(1)组建一个合适的团队

企业数字化转型工作并不仅仅是发布一个产品,构建一个系统,而是对企业原有的经营理念、组织架构、企业文化的全方位变革。对于变革的效果,许多人会抱有一定的怀疑态度,或者对于最终价值认知的高度不够。因此,转型工作需要树立一根"标杆"来标识转型工作确实对公司有显著的正向影响。为了保证初期执行工作顺利开展,一般需要找到对转型工作有成功信念、对新事物有开放和拼搏精神、对企业基本熟悉、对外部环境敏锐的人。让这个"先锋队队长"能按照自己的思路组建团队,保证团队内部沟通协作的高效。此外,领导层还需充分赋予其权限,让其能不拘束于公司现有框架和约束条件,确保数字化转型试点工作的顺利开展。

(2)找到一件合适的事情

企业有了"先锋队"之后,还需要找到一个"灯塔项目"。这个项目要能够在短周期内快速见效,效果较容易进行量化,并且说服力、号召力足够强大。如果数字化转型"灯塔项目"成功,能够让反对的声音闭上嘴巴、让摇摆的意志逐渐坚定、让平静的心情变得澎湃,这会大大促成数字化转型的成功率和效果。需要注意的是,虽然所选项目一定要能大概率成功,但还是要坚持通过数字化手段来体现业务价值,不能舍本逐末地把效果定义为上架了一个产品、建设了一个系统或者运用了某项新技术,而是需要为公司拓展了客户规模、扩张了营业收入、节约了生产成本抑或是提升了运营效率。

每个企业都是独一无二的,有不同的外部环境、不同的内部条件、不同的基因、不同的文化,所以可能无法"依葫芦画瓢"地照搬外部行业的经验,甚至模仿业内企业的经验也不见得奏效。因此,在数字化转型试点工作中,同样可以有外部力量的加盟。他们的职责是转型教练与合作伙伴。它们帮助企业选择合适的数字化手段在生产、销售、管理、运营等一个或多个方面进行提升,或者将原本割裂的过程有机融合起来。此外,它们也帮助发现试点工作中的问题、及时引导团队找到适合的解决方案,并帮助总结转型工作的经验教训,因为数字化转型是长期而持续的工作,后续的转型工作尽量避免重蹈覆辙。

2.扩大转型成果

有了初期的成功试点作为领航标后,接下来就需要将成功经验复制到企业的其他业务、其他工作中,即"扩大战果"。

(1)路径规划

企业数字化转型消耗资源相对较高,因此需要将转型战略分解为一个又一个可计划、可追踪、可评估的任务。分析每个任务所需要的先导约束、资源需求、保障条件,对成效进行预估和评价,并据此给出较为详细的实施时间计划。在每项转型工作阶段性工作完成后,不要忘了对工作开展过程进行复盘和反思,分析哪里做得较好、哪里做得不足,不足之处怎么改进;以此分析结果不断对在开展和未来将要开展的工作进行优化。以敏捷的方式认真对待每一项任务,步步为营。

相比传统的 KPI,现在也有许多企业倡导 OKR 的方式,即将定义清晰的目标 O,分解为关键任务和其相应的预期结果 KR。OKR 的核心并不是像 KPI 一样以考核指标来"胁迫"员工达到"最低分数线",而是强调对整体工作目标的认同、局部工作视图的公开,激励员工尽力达到一个个具有"挑战性"的"小目标",从而推动整个组织实现熠熠生辉的"大目标"。

(2)数据为王

转型过程中,企业需要清晰地意识到流量和数据的价值。在数字化的时代,流量是一个非常值得重视的神奇指标(尤其是直接或间接服务于个人客户的企业)——它本身可能并不赚钱,但是没有它一定不怎么赚钱。拥有新进客户、活跃客户,就能产生用户数据、行为数据这类新型资产,沉淀了这些数据资产能够为企业带来后续的业务价值,比如精准营销、智能风控或者拓展新的商业模式。因此,重视数据的运营,进而影响企业固有的思维理念和经营模式,也是数字化转型的重要特点。

(3)平台赋能

平台并非纯技术或者业务概念,而是企业在数字化过程中的刻意总结和持续积累。数字化转型的时代背景,企业需要思考如何在稳健经营的前提下合理应对外部环境的快速变化。实施层面上,企业既要重视业务的沉淀、转型升级,也要重视技术如何对业务形成支撑力。而平台是这样一种支撑体系,基础设施按需统一建设或者统一购置弹性服务,可复用的业务或技术能力变成一项项服务或者组件,数据使用统一的工具、标准进行采集、融合、管理、使用——总结成一句话,就是以平台能力的"少变",应对内外部环境的"万变"。重视对平台的建设,在业务调整时,可以复用这个支撑体系中的各项能力,像玩搭积木游戏一样,基于这些能力以"组合+定制化"的方式快速顺应业务变化,在市场中占得先机。

3. 推进转型生态

生物学中,有一种共生关系,这种关系中的各类个体或群体因为共生才变得更为舒适或更为强大,如果去掉这种共生关系,各参与方都无法从中获益,甚至都无法生存下去。数字化时代下,企业与企业之间的关系也是如此。某个企业要想从鱼头独吞到鱼尾已经变得不太现实,并且传统的单一上下游供应链模式可能也会变得不那么稳固。新的业内共识是形成"网状互联"的结构,每个企业由于其独特的基因、内外部环境,导致其可能在某一个领域的一个环节做得非常出色,但它从事其他环节工作的优势却不如其他企业。对于单个企业来讲,一定要清晰地识别自己的核心竞争力,对于非核心的部分,寻找外部力量快速补齐自身短板才是高效运营的方式;而对于整个行业生态而言,这种企业间的高效协同、同舟共济的良性生态体系,才能够为数字化转型后的各方提供健康发展的保障。

正因为数字化转型是共同体的形态,不是企业个体的形态,企业在数字化转型的时候,也需要把握好转型的步伐与节奏。如果合作方的数字化进程与自身不匹配,也可能会使得数字化的功效不及预期,转型的巨额投入无法匹配其获得的收益。选择值得信赖的合作方,加强上下游企业之间的联系,包括理念、数据、技术等的合作与交流,建立"齐步走"的生态是破局关键。而对于有能力主导生态的企业,还可以通过帮助其共生企业进行数字化转型的方式来促进整个生态的繁荣,生态的成熟反过来又能进一步壮大自身的实力。有些公司为其他客户免费提供其通用、成熟的数字化解决方案,就是为了换取其貌不扬却又贵重无比的数据,进而能够帮助自己或者盟友们发掘机会、探索价值。"友盟+"就是这样一种经营模式的代表,该公司长期为各类移动端APP提供免费而强大的SDK(开发工具包),APP开发企业使用SDK对用户行为的收集、分析、统计变得简单而高效,但交换条件是与"友盟+"共享这些数据。"友盟+"服务了众多APP,也帮助自己成为国内第三方全域数据服务商的龙头。目前,国内对数据权属、数据交易、数据管理等机制还在逐步完善中,无论后续监管态度是否会更为谨慎,可能数据的采集、存储、使用会变得更加规范,然而"数据就是金矿"这个思想仍不会过时。

执行层面上,这三个步骤就像是由点到线、由线到面的循序渐进的关系,尽力做好每一个阶段性成果,重视量变引起质变的机遇,把握公司个体对行业生态的感知与融合,实现长足的、可持续的发展。

(三)注意问题——业务痛点数据化、技术锚点价值化、转型拐点连续化

企业数字化转型的规划需要直面几个根本问题:转什么?用什么转?转成什么样?而这些问题不能靠服务商及咨询公司从技术供给侧单方面努力,企业要从需求侧积极引导,毕竟数字化转型不是简单的甲方/乙方采购行为,而应是企业与服务商的长期共同深入研究、合作、创新的结果。

以上三个根本问题可以转化为:业务痛点、技术锚点、转型拐点。其答案也不是孤立的,而是"三点一线",即以"价值创造"这个主线,一以贯之串联这三点。本书结合实战案例,探讨传统企业在构建"三点一线"的过程中如何发挥引领作用。

1. 业务痛点数据化

(1)企业要讲得出业务痛点,并且讲得透彻

几乎所有企业内部各个业务部门都有痛点与痒点,简单罗列各自的挑战只是原始信息收集,还需分析归纳整理,尤其要甄别哪些痛点在业务流程中产生了串联反应并通传到最终的业务指标上。把孤立的各部门痛点按照业务逻辑的因果关系梳理成为痛点循证链条,从而形成清晰的业务流程图谱。例如,生产苹果汁的企业,其业务流程可以按照逻辑聚类为:第一,上游原料果的"种植—采购—运输";第二,中间生产环节"排产—灌装—封装—质检";第三,下游销售的"发货—物流—营销—渠道管理",在此逻辑聚类的基础上再逐层下探细化其局部业务环路,从而形成了业务流程的多层次透视图。

在业务流透视图上,各个节点对应的叠加企业信息化系统采集数据,形成

的数据流,则是数字化转型的基本前提。这种具备业务逻辑架构的数据流完美实现了从企业组织架构/业务单元的静态结构到业务运转动态协作的映射,帮助企业按图索骥,定位并量化各个痛点循证链条的因与果,从而判断哪些痛点具备用数字化技术解决的可行性。

(2)业务专家对痛点显性化要主动引领,而非被动应答

很多企业的业务专家会先入为主地对来自其他领域的专家有不信任感,会认为业务流的数据化会分散精力,拖缓当前主要业务。事实上业务专家完全可以成为数字化转型的主动引领者,利用熟悉业务流程逻辑的优势,结合企业前期的 IT 建设,推动把各个 IT 系统的内容(即数据)按照业务流贯穿形成数据流,从而实现业务数据化,推动数字化转型。因为基于海量的数据流,则可能应用各种数据技术 DataTechnology(DT)探索解决痛点的规律。

2. 技术锚点价值化——新价值而非新技术为导向

当前人工智能(AI)、深度学习、大数据和云计算等新技术名词很流行,企业选择数字化转型的技术路径也容易陷入"追星"的陷阱。

其实,最新技术或者学术明星,并不一定是企业数字化转型的最佳选择,原因有二:

(1)最新技术往往在特定的先决条件下才可能发挥作用,在具体业务中的适用性与稳定性有待验证,如同每一种新药上市前都要进行广泛的临床试验;

(2)具体业务场景中的挑战与学术研究大为不同,学术明星擅长在前人研究基础上找到创新点,但不保证创新点一定能够带来足够大的实战价值,而具体业务场景里应用新技术则需要有最低价值门槛,至少投入产出比要足够。

而如何甄选合适的新技术作为锚点,可以从以下两个维度分析:

(1)采用 ROI(投资回报率)相对高的技术

对于选定数字化转型拟解决的痛点,企业的业务专家可以给出期待的收益价值,技术服务商提出的解决方案实施成本则包括开发实施成本和企业内部业务线的配合成本,基于收益与成本的考量、按照投资收益比 ROI,综合选择适合的技术方案。实践表明新鲜出炉的明星理论往往有相当长的开发试错周期,从而导致转型项目的夭折。

(2)采用嵌入式成本相对较低的技术实施方式

大部分的数字化转型项目都需要把新技术与现有的系统做某种程度上的兼容对接,所以应当着重考虑新技术的嵌入式成本,在保证新技术向后兼容的同时,应避免技术转型与现有系统之间产生无法共存的排斥反应,尽最大可能实现"无缝对接"。

例如,某新技术要求数据源 A 实现每秒更新一次,而数据源 A 的采集系统一直是每分钟更新一次,强行上马则可能造成采集系统的崩溃,显然这是一个嵌入式风险高的选项。2018 年,某人带领的工业大脑团队实施恒逸石化改造项目,当时目标是通过 AI 提高乙内酰胺锅炉燃烧效能。如果想要追求极致,工厂希望实现自动反向控制,即工人不需要操作,生产线能够自动根据算法的结果调节工序关键参数。但这种方式需要打通现有系统,集成成本过高,还可能有未知的控制风险。所以,最终采用了折中的解决方案:将 AI 计算的参数,即时推送至业务流程中,再由业务操作者来决策是否应用该参数。这种方案减少了嵌入式成本并且降低了风险,最终实现了方案快速上线,提升了燃烧效率 2.6%。

3. 转型拐点连续化——从量变到质变的渐进过程

数字化转型一定是持久战,而非毕其功于一役。实践中,一些企业满怀热情启动数字化转型项目,在成功完成一两个项目后就开始做财务核算,判断是否要追加投入继续做大。而此时最容易陷入用成人百米赛跑成绩选拔少年选手的误区,只看到眼前而忽略了蕴藏的潜力。

评估前期的数字化转型项目成功与否,不仅要看其创造价值是否明显,更要关注其方式和路径是否能再度放大持续创造新价值。

例如,在 2018 年某某数字化转型案例中,首期项目以数据中台的雏形为基础,开发了一两个示范应用。如果通过示范应用的业务价值了解数据中台的威力,继而加码投入,则会创造出更多的示范应用,解决业务痛点甚至是创造新的业务模式,用数字化技术打造连串的价值创造点,从而触发质变的转型拐点。

传统产业的数字化转型之路漫漫,成功的路径不可能复制,因为各家企业的现状迥异,但是选择成功路径的方法论是可以借鉴的,"三点一线"就是由多个企业实践中提炼的方法论,希望对还在求索中的前行者有所启迪。

四、企业数字化转型过程中的风险误区及预防手段

数字化转型过程中艰难险阻重重,但价值创造始终是检验数字化转型成果的唯一标准。

数字化转型是技术驱动下的企业产品、业务、商业模式的创新转型变革,其本质是通过数据技术和数学算法显性切入业务流,形成智能化闭环,使得企业的生产经营全过程可度量、可追溯、可预测、可传承,最终在新的产品、业务和商业模式下,实现价值创造。

过去几年,从互联网跨界到实体经济的行业,应用源自互联网的新技术解决生产车间及田间地头场景下的痛点,在多个行业里打造了具有明确可见价值的成功案例。例如,在杭州萧山,城市大脑技术为120急救车"一路护航"实时开通绿波带节约路途时间50%,给生命带来更多希望;在江苏协鑫,新技术优化光伏切片流程的工艺提升良品率1个百分点,每年创造上亿元的净增效益;在恒逸石化,通过算法实时调优燃烧过程的给风量,提升燃煤效率2.6%;在浩丰集团,通过AI技术解析追踪每块土地上的生菜长势,帮助实现"千亩千面"的个性化施肥灌溉,全集团可节省超过1500万元/年。

这些实践证明了一种可能性:以数字化为前提的新技术(人工智能、大数据、云计算)与传统行业结合可以创造巨大的可衡量价值。而要把这种可能性推广并落实为具体企业的可行性,需要把握"价值创造"这个目标,既要避免"故步自封"与"叶公好龙",也不能"东施效颦"盲目照搬。数字化转型带来的显性化价值创造必然会激发广大企业的积极性,如何以正确认知、路径选择、实现方法拥抱数字化新技术,则是思考与探讨的问题。

(一)数字化转型常见误区

1. 数字化转型被IT系统主导

数字化转型需要以数据技术为主线,而IT系统是采集存储传递信息的基础设施,是数字化转型的必要条件,绝非终极目标。从IT到DT的转变可能带来颠覆性的业务模式,而非简单的IT运维成本节约。

2009年开始,新加坡乘客可以通过电话与呼叫中心预约Comfort Taxi与Ciycab出租车,随后乘客通过短信收到分配的出租车信息与预计等候时间。整个流程虽然比传统的乘客路边扬招模式方便,但几个关键环节没有做到数字

化、智能化。

（1）需求传递靠语音对话，各种方言口语识别率不准。

（2）需求录入靠调度员基于对话的理解在后台人工输入，容易出错且慢。

（3）需求分配依赖调度员的直觉与经验，在地图上基于出租车队的实时位置信息就近选择，在繁忙时刻（尤其是暴雨时刻）根本应接不暇，导致丢单率很高。2012年初，外部咨询团队与这两家出租车公司的母集团康福德高企业（ComfortDelGro）沟通，提议用类似互联网广告点击率预测模型的智能算法自动化解析需求并调配车辆，并且给出了业务效果预期（成单率提升，客户等待时间下降，降低司机放空时间）。遗憾的是康福德高企业当时安排IT部门对接评估，最终没有采纳。

今天这种技术已经不再新鲜，各大主流叫车APP已经普遍采用了类似的智能化派单调度系统。康福德高企业当年错失这个机会的根源是惯性思维，安排传统IT部门从系统运维升级的角度评估投入产出比，却没有理解这个DT技术带来的业务模式变革。

无独有偶，2008年诺基亚安排专项小组研究了刚刚诞生的苹果公司并且得出了"不可能成功"的结论。昔日的霸主面对新事物却不能透视其本质，结局自然是从"看不懂"到"跟不上"。

2. 缺乏顶层规划，照葫芦画瓢

技术改造与人员赋能之间的节奏如果失调，将成为"形似而神不是"的失败转型。

企业数字化转型是一门艺术，它以各种技术为要素并结合企业特点做设计创作。成功转型后的佳作可能雷同，但设计路径和创作节奏则是"千企千面"。如果照搬或者依葫芦画瓢，往往得到拙劣的临摹品。

新零售热潮下无人店、电子货架、刷脸支付等新生事物涌现，但是这些新事物是否增加了店面的流量、转化率、日均销售额？投入产出比是否合理？答案是"未必"。零售业的全链条涉及销售预测、进货补货、定价促销、售后管理，如果只在单一环节引入数字化技术而缺乏对全链路的顶层设计，这种半新半旧的模式相距数字化转型的终极目标甚远。传统零售业的转型需要以数字化的技术重构人、货、场的互动，帮助提升零售效率，刷脸支付未必是统一的切入点，不

第四章　数字化转型及安全管理

同细分零售行业可能的路径也不同。

3. 全链路出击

数字化转型的切入点需要在业务链路中选择具体的场景,立项并设计明确可衡量的价值闭环。以阿里云在恒逸石化的探索为例,在乙内酰胺的多个生产环节都有痛点,但是并不是每个痛点都是致命性的,或者造成的影响局部可衡量。该公司从数据密集和价值密集的双标准出发,选定锅炉燃烧作为首个场景,定下通过优化燃烧控制来提升燃煤效率的业务目标。最终利用产线设备自有的数据,没有对产线做物理改造,只是附加了实时优化控制推荐引擎,最终提升了 2.6% 燃煤效率。

在一个环节迅速取得了明确的价值,企业就有信心和动力在生产链路上下游横向推广。先纵深打穿一个垂直场景的价值闭环实现 0 到 1,再横向增强扩展由 1 到 N,逐步放大智能化的价值。

切忌孤注一掷地全链路出击,all-in 的决心不等于 all-in 动作。有限的资源分散投入太多的环节,必然导致各个环节的动作都是捞浮油,不够深入就很难攫取价值。

英国广播公司 BBC 在 2007 年启动了面向数字媒体内容的数字化转型项目,结果耗时数年无疾而终。事后 BBC 组织独立委员会复盘,教训之一就是项目牵扯太多部门造成巨大的协同成本延误进度。

4. 硬件规划缺乏柔性

"先硬后软"的做法造成前期投入太多且不确定回报,还没达到目标就已经失去动力。

立足当前的信息化及数字化基础,先"由软及硬"、再"由硬及软"是正向循环的合理路径。基础物理设施等硬件提供了动态感知能力与服务下行渠道。但是过去几年,硬件的发展往往依靠计划性的规划,缺乏动态适配和柔性,这既无法衡量硬件建设的合理与否造成浪费,又为企业带来了沉重的成本压力。

以工业物联网为例,多年来尽管有各种扶持政策及专家疾呼,但是其发展速度远逊于移动互联网。遗憾的是,相当部分专家鼓吹工业物联网首先要布设传感器改造产线,结果为通信模块厂商创造了商机而未证明给企业创造的价值,企业主不愿先投入资金布设传感器做链接。这种"先硬后软"的做法造成前期投入太多且不确定回报,自然很难推行下去。

阿里云ET城市大脑提供了一个新思路。不新增城市物理设施,只是利用好既有数据就可以提升城市运行的智能化程度,例如通过智能化算法研发了特种车护航弹性绿波带、人工智能信号灯等多个创新应用,在杭州、广州、上海、吉隆坡等多个城市落地。

在开发这些应用的同时,城市大脑发现,在特定的路口、路段,如果能增加硬件信息采集设备,可以有效提升特定区域的智能化水平。于是开始辅助职能部门改善城市的硬件基础设施,避免盲目建设资源浪费,让城市"优生优育"。实现了由软到硬的进化。而在这样的智能规划的硬件设施建设下,数据、算法、算力的价值也将得到进一步的快速释放,在新的起点上实现从硬到软的价值创造。

(二)走出数字化转型常见误区

1. 务必是CEO工程

数字化转型,对外需要全局的视野,对内需要有全组织、资源的协同威信。唯有公司最高决策者亲自抓,定位为CEO工程,才是数字化转型成功的重要组织保障。

麦肯锡在2018全球数字化转型调研中发现,由高层管理团队构建清晰的数字化转型计划的公司,数字化转型成功的概率是没有做到这一点的公司的3.1倍。麦肯锡的调研还发现,如果高层管理者能够推进组织产生数字化转型的紧迫感,其成功的概率是没有做到这一点的公司的1.9倍。因此,CEO还需要帮助公司将数字化的理念和文化深入人心,在遇到挑战与失败时能坚持。

2. 方法论+工具,缺一不可

切忌唯工具论,全球大部分企业还在摸索由信息化到智能化的数字化转型之路,并没有成熟的标准软件在企业部署就可以实现数字化转型。

方法论是指引转型前进的重要地图,而针对性的工具是转型前进的重要加速器。例如手机淘宝APP的"千人千面"就是以数据中台提供的客户画像做实时个性化推荐,极大提升了购买体验和转化率。

任何一个企业数字化转型的探索都将依赖方法论+工具,方法为主,工具为辅,二者缺一不可。既有的成熟软件,是数字化转型的重要基础,但不是价值创造突破点。价值创造的"最后一公里"需要方法论指引,以行业经验与数字化技术结合的咨询问诊找到发力点,为企业找到价值洼地。

3. 小步快跑分层迭代

数字化转型是由 0 到 1 到 N 的逐步进程。由 0 到 1 的关键是聚焦细分场景找到最具有价值的痛点,这个痛点一定不能是孤立的单点,须是链式反应的引爆点,能牵一发而动全身。例如,江苏协鑫是一家光伏企业,光伏切片的许多工序需要通过数据分析选择合适的工序入手。ET 城市大脑在改善交通拥堵方面入手点选择了关键路口的红绿灯控制配时,对城市道路交通流实施智能化点穴。在首选场景 0 到 1 成功后,从 1 到 N 则是在两个维度上同时展开,既在相似场景下的结果复制也在其他场景下借鉴经验。

数字化转型切忌一口吃个胖子,起步就落入大平台宏伟蓝图的陷阱。一定要以需求为导向小步快跑地成长起来。GEDigital 在 2015 年高调发布 Predix2.0 平台,宣称打造工业通用平台,并面向行业全面开放而 2018 年,其战略收缩,从开始提出的"Predix for World"退缩为"Predix for GE",聚焦 GE 核心业务方向,以电力、航空等领域为核心,打造更具商业价值的解决方案。2018 年 12 月,GE 成立一家独立运营的工业物联网软件公司,Predix 被纳入该公司,继续在数字化转型的路上摸索前行。同样,有不少工业物联网平台自诞生就竖起了"平台"的旗帜,几年下来其活跃链接规模还不及冬天卖烤红薯的金属桶里的红薯数目。

4. 经验与数据的平衡艺术

一味地依赖业务经验,不免会错过新趋势,而完全信赖数字化技术,又可能会被片面的数据所误导。企业数字化转型,既不能唯经验论,也不能唯数据论,需要在经验与精准的天平上寻找动态平衡的支点,将行业专家的经验知识与数字化的新技术、新思维、新方法结合,形成合力。

一方面,行业专家的知识通过新技术更容易沉淀并工具化,利于将知识快速传播、复制,另一方面,新技术尤其是来自行业外的新技术,很可能助力行业专家有更好的感知能力、更快的分析能力,减少日常重复的工作,进而产生更多行业知识,发现行业内潜藏的宝藏,突破现有的经验壁垒。

行业专家在"隔行如隔山"的认知下倾向于忽视行业外的新技术新视角,但当谷歌 AlphaGo 一夜之间成为围棋绝顶高手后,行业专家们不应该再迷信于所谓的行业壁垒。

阿里巴巴集团聚划算业务,起初单纯依赖运营小二的经验决定热门版面的选品策略,响应迟缓且主观性大。利用数据技术后,由数据发现客户与商品的匹配度,自动生成选品策略,并辅之以人工校准,提高页面流量转化效率,使得商家和平台的价值都得到提升。

数字化转型是技术与思想全面协同的系统性变革,对生产制造、社会治理各方面都会带来深刻的影响。

与前几次技术革命不同,数字化转型所依赖的数据资源是不断再生几乎无穷尽的,所以它具备了自驱的可能性,一旦开始就不会停下。而每次转型都会有新陈代谢,这一次也不例外。苹果公司让诺基亚手机成为历史,最终胜出者一定是那些能顺应趋势并以价值创造为目标的智者。而积极拥抱数字化转型的主体不仅能获得内生性价值,还能创造外延性价值,并最终实现全社会范围的价值创造。

五、企业数字化转型中安全管理的措施与手段

"发展数字经济,推进数字产业化和产业数字化,推动数字经济和实体经济深度融合,打造具有国际竞争力的数字产业集群",这是《中共中央关于制定国民经济和社会发展第十四个五年规划和二〇三五年远景目标的建议》中明确提出的目标。但是数字化转型犹如一把"双刃剑",在给传统产业带来革新机遇的同时,也会不可避免地带来一系列风险。传统产业如何在享受数字化红利的同时实现安全管控,成为政界、产业界和学术界共同关注的问题。

(一)数字化转型的安全隐患

当前,我国产业数字化转型进入高速发展期,数字化转型已经涉及零售、餐饮、教育、金融、医疗、生活服务等诸多领域。据统计,我国产业数字化转型的年均增速超过25%,2018年我国数字化产业的规模已经达到24.9万亿。在产业数字化转型高速发展的同时,一系列安全隐患也逐渐显现。

1.产业安全能力依然薄弱

在数字化转型如火如荼进行的同时,互联网与许多产业核心业务融合,数

字化技术带来的安全挑战也出现在产业面前。譬如,金融业目前大多数机构都已经建立数据中心将客户数据集中储存起来,并且上云与各分支机构共享,但带来的数据安全问题却成为一大痛点,庞大的物联网体系使得不法分子攻击企业网络的途径增加,2019年就出现了美国黑客通过企业的智能温控系统侵入企业IT系统的例子。这些现象说明世界各地都面临着产业数字化转型中的安全问题,当前产业安全能力依然薄弱。

2. 安全技术升级换代加快给产业带来挑战

互联网技术包罗万象,随着世界各国加大对计算机技术研发的投入,包括人工智能、大数据、云计算的现代计算机技术更新换代速度大大加快,而每一次技术的创新都对安全技术提出了新的要求。今后,移动互联网安全、云安全、物联网安全等将取代传统的安全技术成为安全防护的主流,但是由于不同产业、不同企业的数字化程度和安全防护能力差距巨大,安全技术的这种快速迭代将给产业带来巨大挑战。

3. 安全技术人才依然紧缺

我国经济体量已经超过100万亿元人民币的规模,因此产业数字化转型的涉及面十分宽泛,由此带来了巨大的安全人才需求。但是当前我国产业安全人才培养与行业需求严重不匹配。(1)截至目前,我国培养的专业产业安全人才只有10万人,但是安全人才需求达到近140万。(2)产业安全高端人才严重匮乏。目前我国高校在专业设置和科研力量投入上仍然过于关注数字化技术的应用领域,对于安全领域关注较少,因此造成安全技术和高端安全人才满足不了行业需求。(3)安全人才的培养模式缺少对特定产业的了解,目前的培养模式过于单一和流水线化,使得安全人才对产业内部纵深业务流程等了解程度不够。这些因素共同造成当前产业安全人才的巨大缺口,需要产业、政府和高校共同协作解决。

(二)数字化转型的安全管控整体思路或原则

1. 加强规划,提前布局是安全管控的前提

一是在国家层面。国家需要从顶层设计层面为数字化转型安全管控保驾护航。首先需要法律部门出台法律法规对产业安全管控进行规范,同时限制网络犯罪和网络攻击同时,工信部、国家发改委、公安部、网信办需要共同协作从

产业规划和司法两个角度切入,加快网络安全及产业安全的部署和规划。

二是在地方层面。各地需要响应国家号召,积极出台相应的规划和法规对安全管控进行部署。譬如,2018年4月,上海印发了《上海市工业控制系统信息安全行动计划(2018—2020年)》,提出通过财税支持标准建设人才培养和交流合作等保障措施,提升工业控制系统信息安全的综合管理能力、安全防护能力、技术支持能力和产业发展能力,成都市信息化工作领导小组办公室印发《成都市网络信息安全产业发展规划(2018—2020年)》,提出到2022年,将成都打造为西部领先、国内一流的网络信息安全产业高地,明确了产业发展的9个重点技术方向和6项重大工程,提出了系列保障措施;长沙市政府发布《长沙市加快网络安全产业发展三年(2019—2021)行动计划》《长沙市加快网络安全产业发展的若干政策》,积极打造具有长沙特色的网络安全产业体系。

三是在行业层面。产业数字化转型涉及产业内部研发、生产、流通、服务等全过程,其中无不涉及数字化安全问题,就需要产业从整体经营战略角度出发加强安全规划,在产业再生产的全流程进行提前安全布局以预防安全威胁。

2. 增强能力,积极合作是安全管控的基础

安全防控能力是整个产业数字化转型安全管控工作顺利开展的基础。(1)我们需要加快工业互联网安全基础设施建设,无论信息基础设施还是网络空间,其安全直接关系到产业安全和国家安全。(2)加强对国际先进技术的学习。支持我国的科研机构与国外知名机构展开合作,借鉴我国高铁技术的跨越式发展,坚持"引进来"战略对先进技术进行消化吸收并最终实现自主创新。(3)加强安全管控国际合作。在互联网领域安全保护国际条约下积极参与国际合作和全球网络安全治理,加强与国际组织共同打击网络犯罪的力度,积极参与制定相关网络安全法律法规,使国内安全法规与国际准则无缝衔接,保障数据在国家、产业之间安全有效流动。

3. 实时监控,主动防御是安全管控的保障

互联网由于传播速度极快,网络病毒、黑客攻击往往在一瞬间就能成极大损失,这对安全防控响应能力提出了极高的要求,因此亟须构建覆盖全国的工业信息安全态势感知网络,运用先进的技术手段,实时、有效地对网络安全进行监控和预警。

网络预警防御,是指在实时监控网络攻击的基础之上,通过识别网络攻击意图,综合评估网络安全状态并预测其发展趋势,力争在攻击实施早期阶段发出警报,并提前采取适当手段予以防御,以尽可能在攻击未产生实质性危害时加以遏制,将损失降到最低。网络预警防御主要涉及三项技术,分别是网络攻击意图识别、网络安全态势感知和网络安全协同防护。我国需要从网络预警防御技术出发加快安防产品研发,不能先受到攻击再进行防御,而应该进行实时监控预警,采取主动防御策略,在攻击发生前和发生时及时反应,避免更大危害的产生。同时把理论应用于实践,在真实的攻击防御中不断进化,使其更加智能,对攻击行为的预测更加准确,从而降低攻击带来的威胁和影响。

(三)数字化转型的安全管控工作

1. 数字化转型中的安全管控体系构建

随着产业数字化转型中新科技的广泛应用,企业和政府的安全防御体系面临新的考验。但信息系统在应用时往往过度重视功能的实现,而忽略了安全性的考量,因此在一项项新技术不断叠加更新时,频繁出现的系统漏洞给了黑客等不法分子可乘之机,严重威胁到数字化转型中的信息安全。因此需要构建严密有效的安全管控体系来应对。

(1)从顶层设计出发,构建安全架构体系

在构建安全架构体系时应当综合应用各项先进的计算机技术,以组件化为主要标准将安全功能从各项应用中解放出来,采用面向服务架构、云计算和可视化开发等技术,形成以登录认证、密码保护、安全监控、安全策略管理等安全组件为核心的"安全功能库"。同时,成立更高一级的安全管理中心,由安全管理中心根据应用场景统一调配安全功能组件,从而实现在面对未知威胁时灵活应变,解决各种突发问题,实现重要信息和资金的安全。

(2)坚持以制度为纲,完善安全防控制度

为确保安全管控体系的顺利运行,各个企业和单位要根据国家相关法律法规建立自己的安全管控内部制度,内容应该涵盖网络安全、系统安全、密码安全、设施安全等。为了保证安全防控体系下各项制度得到遵守,要详细规定违反规定的惩罚措施,确保体系内每一个人不会触碰信息安全的底线和红线。譬如,规定中应当严禁内部人员不通过安全检测直接连接外部系统,严禁在不受监控的存储器内储存敏感信息,严禁在生产系统和个人系统中设置弱密码等。

(3)强化内部管控,构建网络安全内控体系

安全管控体系面临的威胁除了外部威胁外,还有来自内部的安全隐患。企业和单位应当运用安全技术构筑一个兼顾内外的安全防控屏障。

a. 采用安全客户端代替原有登录端口,提高准入门槛,结合身份认证、人脸识别技术杜绝外部系统的非法接入,并采用安全软件对终端进行统一的病毒查杀和漏洞修复。

b. 对整个安全防控体系进行细致排查,找到容易泄露信息的薄弱节点,然后在这些节点的外层部署安全组件,尤其是网络出口、邮件接发端口等敏感信息节点。同时要在内部系统与外部系统连接处部署高性能防火墙,在信息发生泄漏时能及时阻断连接,实施有效拦截。

c. 日常办公和内部交流尽量实现全流程云端操作,当前企业工作上云已经成为普遍现象,工作上云一方面可以提高工作效率,方便沟通交流,另一方面在云端进行工作方便安全系统对数据进行统一安全监控和保存,使工作数据得到统一的保护。

b. 采用最新的人工智能技术对内部关键人员的可疑行为进行实时监控,通过对监控录像进行分析,可以精确识别可疑行为从而及时发出警告并对可疑行为进行保存。综上,企业和单位通过以上措施构建网络安全内控体系从而使安全管控体系更加严密有效。

(4)数字化转型中的网络空间安全管控

a. 构建网络空间安全法律体系

网络空间安全管控应当有法可依,只有在法律的威慑力下,相关网络犯罪才可能偃旗息鼓。同时,严格的法律规范对于督促企业和单位提升网络安全防控能力也有着重要作用。譬如,2020年4月出台的《网络安全审查办法》明确了我国各企业单位进行生产建设时应当遵守的网络安全规范,该办法详细规定了审查的目的、对象、流程和实施办法,尤其对党和国家可能造成损失的非法网络活动有强大的威慑力,有助于保障我国关键信息基础设施的正常运行,这一规定也有利于督促企业和单位对自身网络安全进行自我审查,从而及时查漏补缺,完善自身网络空间管控体系。

b. 增强网络安全技术能力建设

党的十八大以来,我国网络安全行业发展迅猛,在许多领域都实现了重大突破,但是在许多领域我国仍然与国外存在着巨大差距,突出体现在我们的网络安全技术和国际竞争力都远低于欧美等国家,这使得我国在关键技术和核心能力上受到国外的牵制,尤其是网络空间安全技术的许多新理论、新概念由国外提出,技术的话语权首先掌握在国外发达国家手中,这对我国今后构建自洽的网络安全管控体系不利。

当前网络空间安全技术主要有两大类:一类是共性的安全技术,可应用于各种场景,包括数字签名技术、身份认证技术、密钥管理技术等;另一类是在具体应用中使用的安全技术,伴随新技术或实际应用而产生,为伴随安全技术,主要包括数据库安全,人工智能(AI)安全,物联网安全、中间件安全等技术。当前我国在共性安全技术中已经取得了重大突破,但在安全技术领域还需要缩小和国外的差距。

c. 加强网络安全人才培养

当前,我国网络安全技术人才短缺情况依然严重,人才供给已经远远不能满足网络安全产业的发展。此外,网络安全从业人员知识结构普遍比较落后,技能上也存在短板,加强网络安全人才的培养迫在眉睫。网络安全人才队伍建设需要从三个方面入手:将知识的学习与具体实践相结合,通过实际的网络攻防训练和行业实习,不断精进网络安全防护能力,提高实际应用水平,加快融入具体工作环境中。充分运用"产学研"体系,将大学、产业和研究机构结合起来,将大学课程与研究机构和企业具体实践相结合,将人才从学校输送到研究机构,再输送给产业,培养更多的网络安全人才。要不断加强对网络安全人才的常态化培训,不断更新知识结构,缩小与国外先进技术水平的差距。同时还要将网络安全职责与网络安全人才的职称评定和年终绩效挂钩,建立完善的网络安全职位体系,激励网络安全人才主动学习,相互竞争,从而提升人才的网络安全防护技术能力。

2. 数字化转型中的数据安全管控

(1)总体上构建数据安全防御体系

a. 从法律上出台保障数据安全的法律法规,使得数据安全管控有法可依。

为此,2020年7月第十三届全国人大常委会第二十次会议审议后出台了《中华人民共和国数据安全法(草案)》(以下简称草案)。草案按照国家总体安全要求,提出了数据安全保护的基本制度,并要求在期限内建立高效权威的数据安全评估、保护和预警机制。同时该草案还提出将建立严密的数据安全审查制度,从而杜绝可能影响国家安全的数据活动。这一法案对提升我国数据安全保护力度,威慑国外针对我国的非法数据活动有重要意义。

b. 构建全面有效的数据安全防御体系。一是从数据的收集、传输、储存、处理到共享的全生命周期建立安全防护体系,采用数据验证算法和传输加密算法对数据来源和传输过程进行加密验证,从而消除病毒等程序对数据传输的威胁;二是提升数据平台本身的安全防御能力,对外部系统和人员访问数据平台严格管控,采用身份认证和访问控制技术对用户访问进行严格认证,同时在访问时保证数据脱敏,在用户进行数据操作时严格落实安全审计,对于可疑行为及时发现并制止,防止数据在未授权的情况下被泄露;三是变被动为主动,借助大数据和人工智能技术实现对数据安全威胁的自动化识别,从而防患于未然,从源头上阻断影响数据安全的未知威胁,从根本上提升大数据安全防御水平。

(2)攻防两端增强数据保护能力

当前针对数据的网络攻击手段不断更新迭代,企业和单位在面对网络攻击时往往手足无措,无法及时采取措施进行数据安全防护。因此,面对逐渐严峻的挑战,数据平台需要在理念上不断创新,不能仅关注对数据安全的防御,还需要主动研究网络数据进攻手段,所谓"知己知彼,百战不殆"。只有在明晰当前网络攻击手段后,才能更有针对性地了解当前数据防护体系的漏洞,从而不断完善数据防护体系。这需要产业界和学术界通力合作,在技术研发上加大投入,从攻防两端深入研究数据安全技术,才能及时跟上技术发展潮流,建立安全可靠的数据防护体系。

(3)构建第三方数据安全评估体系

当前,国家的《"十三五"国家信息化规划》就已经提出实施大数据安全保障工程,这一规划体现了国家就数据安全进行的战略部署,有助于推动大数据与实体经济深度融合,保障国家数据安全。因此,可以预见未来数据安全监管、评估体系将逐步建立,同时数据安全监管惩罚力度也将逐步加强。在加强数据防护能力的同时,构建有效的第三方数据安全评估体系也成为数据安全防护的辅助措施,通过制定数据安全技术标准和测评标准,建立数据平台安全评估体系,有助于企业和单位合理评估自身数据安全防护水平,从而有针对性地弥补安全漏洞,完善安全体系。这就需要推进第三方安全评估机构人员资质认证等配套措施的落实,从而推动第三方机构快速发展,满足产业数据安全评估需求。

3. 数字化转型中的安全预警能力建设

(1)应用新技术提升预警能力

网络攻击呈现快速多变的特点,从攻击开始到结束往往只需要几分钟时间,这就对安全防御提出了极高的要求。但是网络防御是后发操作,滞后性问题难以解决,因此提升安全预警能力就显得十分必要。安全编排与自动化响应(SOAR)技术通过融合安全编排与自动化、安全事件响应平台和威胁情报平台三种技术,可以从危险的识别、防护、检测、响应各个环杰有效提高安全防护体系的响应速度。当发现网络威胁时,该技术可以快速将威胁行为发送到防护设备,从而快速启动安全防护手段,在网络攻击发起之前就能将威胁及时抹除。此外,采用SOAR技术能减少对数据安全人员的依赖,由于我国数据安全人才短缺问题严重,因此采用自动化预警技术可以有效解决安全人员短缺问题,同时也能有效提升协同工作效率,减轻工作量。综合来看,这一技术在未来构建安全防护体系时能够提供有效助力。

(2)建立常态化监测机制

安全防护体系在建设后发挥作用的效果依赖有效地运营。严格的常态化安全监测机制是保障安全防护体系能有效运转的关键。

a. 保障终端的常态化安全检测。通过安全客户端组件对企业内所有终端进行病毒木马扫描查杀,同时及时更新病毒库,并修复漏洞,保障终端安全。

b. 保证敏感数据信息泄露检测常态化。通过数据防泄露安全组件及时对互联网端口、物理存储介质等节点进行扫描检查,对可能发生数据泄露的风险节点要及时发现通报,并采取措施堵住数据泄露的缺口。

c. 常态化攻击威胁监控。通过前面提到的SOAR技术及时监控内部和外部威胁,采用威胁感知系统精确发现实时攻击威胁,帮助安全人员快速研判和处置威胁事件。

d.安全评估分析常态化。定期利用安全风险评估工具对终端、服务器、传输线路的安全状况进行扫描排查,对于漏洞及时提出整改建议,并督促相关人员及时修复。e.要做好安全风险信息的收集工作。将已经发生的安全事件整理归案,及时总结安全风险类型和特点,从而能够系统了解当前安全威胁,面对重复性安全问题时能减少处理时间,提高安全防护效率。

第三节 政府数字化转型

一、政府数字化转型概述

随着互联网产业发展不断扩大以及 5G 时代的到来,数字经济已经成为当前社会经济发展最热门的课题之一。据中国信息通信产业研究院发布的《中国数字经济发展与就业白皮书(2019 年)》显示,2018 年,中国数字经济规模达到 31.3 万亿元,按可比口径计算,名义增长 20.9%,占 GDP 比重为 34.8%。数字经济已经成为各地抢占信息高地和增长经济动能的关键,数字化和信息化已经与各行各业深度融合。当前,随着国家层面推动的"放管服"改革,政府职能转变势在必行。

政府数字化转型,是提高政府行政效能,政府部门自我改革的重要举措,具有广泛的理论内涵和现实意义。对于政府数字化转型的研究是一项新型课题,是基于互联网信息技术的不断发展,创新政府治理手段的方式。政府数字化转型是利用互联网、大数据、云计算、人工智能等现代信息技术,强化政务数据的整合、开放、共享,构建人机协同的数字化、网络化、智能化集成应用系统,以流程再造实现跨部门、跨系统、跨地域、跨层级高效协同。

二、政府数字化转型的必要性

(一)提升国际竞争优势

从农业时代向工业时代跨越时,欧洲抓住了先机,从工业时代迈向互联网时代美国一路领先。如今,数字化时代的到来,或将迎来大国较量的又一关键分水岭。加快推进政府数字化转型是发展未来经济的重要引擎,对推进社会高质量增长具有重要意义,各国更是纷纷将数字化战略上升为国家战略。因此,中国能否在此时把握时代的脉搏,主动拥抱数字化,将变得格外重要。

(二)满足民众的服务要求

由于技术的不断发展,民众经常使用便捷、优质、高效的在线商业服务,这使得他们期望在政府提供的公共服务中,能够获得同样的体验。为满足新的服务需求,政府不得不像企业那样合理利用新兴技术,并探索"整体政府"转型的数字化发展路径,注重投入产出,提高行政效率。

从另一个层面来看,CNNIC发布的第42次《中国互联网络发展状况统计报告》指出:截至2018年6月,我国网民规模达8.02亿,普及率为57.7%,而其中近六成的网民已经开始使用在线政务服务。这些都促使各级党政机关和群团组织等不得不积极运用微博、微信、APP等新媒体,发布政务信息、回应社会关切、推动协同治理,不断提升地方政府信息公开化、服务线上化水平。

(三)驱动经济社会协同发展

从互联网时代进入数据时代,不仅造就了以阿里巴巴、腾讯、百度为代表的强大的平台经济体,还涌现出很多新经济、新模式、新业态。新经济的快速发展为整个国家提供了持续上升的新动能。但是,不管是掌握庞大数据资源的平台经济体,还是处于摸索阶段的创新经济体,都带来了不同程度的社会变革,产生了一系列问题。对此,如果政府的政策准备不充分,法律滞后,将带来很大的社会治理难题。

三、政府数字化转型面临的问题与挑战

政府数字化转型是一项新鲜事物,是把政府行政资源与信息技术深度融合,提高行政效能,更好服务群众的一项政府自我改革。一方面要转变机关干部的固有的逻辑思维和办公手段,另一方面要运用到最新的大数据、云计算等信息技术。在技术层面、操作层面以及认知层面都面临较大的困难和挑战。

(一)体制机制不健全

政府数字化转型就其涵盖的内容来看,涉及面广,不仅涉及信息技术等技术层面,也涉及政府各个部门和各个业务,要完成数字化转型任务,需要投入较多的人力、物力和财力。再从政府数字化转型本身来看,这是一项政府自身的改革举措,需要关注、研究、破解的难题也有很多。这些问题集中起来就需要健

全的体制机制来保障各项工作的推进。

(二)数据共享难度大

政府数字化转型,其本质和核心,是政府部门业务数据的共享。数据共享是当前政府数字化转型的一大难题,从省一级到县一级,数据共享从体制机制上和思想认识上都得不到最大限度的推动,能共享的数据基本是基础性数据,比如地理信息系统数据、交通数据等。

(三)技术人才的缺乏

现代信息技术的运用是政府数字化转型的支撑。大数据、云计算、人工智能等已经成为现代信息技术构成的重要内容。对于技术的掌握和运用是当前政府部门最缺乏的业务技能之一,政府部门工作人员基本是以综合素质为基础,除了特殊岗位对于技术有要求外,很难拥有信息技术高精尖的人才。

(四)网络安全有隐患

政府数字化转型是要把政府的业务数字化、数据化、网上化。网络安全涉及的不仅包括网络信息安全,更重要的是关乎基础设施安全、社会安全和国家安全。政府业务电子化、部门之间数据共享化就会存在各种潜在的网络风险、安全隐患。数据丢失或泄露都将给政府部门带来极大的不便,这也是导致部门数据无法实现全部共享的一个重要原因。

(五)落后的思想意识

随着互联网时代的不断进步,信息技术的日新月异,大众的信息化思维和网络意识日益增强。外出旅游、购物基本能够实现移动支付或者网络支付。但对于移动办公或者网上办公的认识或者说是对行政数字化、办公协同化、业务数据化、数据共享化等行政资源与互联网深度融合的办公模式、行政手段以及背后的信息技术的应用还存在意识不强、思维不变,甚至是难以想象的惯性逻辑。

四、数字化政府实现策略与路径

(一)技术路径

数字政府是服务型政府,需要面向广大人民群众提供服务,需要承载海量的政务数据、海量的政务业务系统,还有百姓和企业海量的政务服务需求,因此政府数字化转型一定要依托经过长期实践检验的互联网架构和互联网能力(如实名认证、移动支付、信用积分、沟通协同等能力），深入政府业务场景进行创新，以保证在大用户量、高并发量情况下，依然能为上千万甚至上亿用户提供方便快捷、优质流畅的在线政务服务。

同时，政府数字化转型必须充分利用互联网、大数据、云计算、人工智能等现代信息技术，强化政务数据的整合、开放、共享，构建人机协同的数字化、网络化、智能化集成应用系统。

（二）体制路径

行政协同目标不会因信息化发展而自动实现，尤其是数据碎片化、信息孤岛以及传统行政体制惯性等都制约行政协同的实现。为此，应从数据质量、机制建设、模式发展等方面进一步释放数据潜能、突破部门壁垒、推进流程再造以实现政府跨部门行政协同。

政府原有的信息化建设过程中过于强调垂直线条的系统建设，而忽略了横向连接，导致"信息孤岛""信息烟囱"等现象普遍存在。同时加之部门之间存在利益壁垒，使得数据资源无法在各部门间形成有效的互通机制，公共服务缺乏整体性统筹，存在碎片化、分裂化等现象。如何有效整合统筹数据，又不削弱部门的优势和功能是当前政府数字化转型所要解决的关键议题。

政府数字化转型改革，让传统意义上的以条块分割为特征的部门壁垒逐渐开始瓦解，加快形成了跨部门数据共享的新趋势。在推进政府数字化的过程中，各级政府还应细化部门间的职责分工和数据共享机制，建立数据目录，实现一数一源，消除信息孤岛和数字鸿沟；建立数据共享交换平台，实现数据协同共享；建立考核机制，促进跨部门的行政协同，打造数据维度上的"整体性"政府，提升社会治理能力。

（三）人才路径

实现政府数字化转型，首先要提升政府部门主要负责人的数字素养。大部分政务大数据项目都应该是"一把手工程"，政府相关领导人的数字素养对于数字能力建设有重要影响。英国政府将提升各部门领导人的数字素养作为提升部门数字能力的一条重要途径，对主要负责人进行数字培训，提升其数字技能、培养其数字化思维。

实现政府数字化转型，其次还要在公务员队伍中培养数字人才和相关技能,形成"用数据说话、用数据管理、用数据决策、用数据创新"的文化氛围。英国的目标是拥有世界上最具数字技能意识的公务员队伍,让英国的政府数字服务成为全球最领先的公共服务。为此,他们也采取了一系列举措用以提升公务员的数字技能,很多值得我们借鉴。比如,依托各类教育机构为政府数字、数据和技术专业人员提供最优质的学习和再教育机会;通过建设数据科学院校,与公务员人力资源部门合作,实施数据科学加速培训计划,确保其他专业领域的人才能够掌握数字工具和技术,让非数字技术领域的专家,能够理解数字化工作方式的优势等。

(四)生态路径

在推进各地政府数字化转型的过程中,可以充分借鉴国际国内经验,树立"数字政府即平台"理念,建立良好的政务数据共享共建生态圈。英国将"数字政府即平台"作为数字化转型的指导思想和核心内容,内阁办公室专设数字服务小组提供通用共享平台,借鉴企业经验创新政府数字服务和监测评估体系,提升服务设计能力并降低运行成本;广泛吸纳社会力量提供政府数字服务,将企业和第三方平台作为政府数字服务的延伸和扩展。

第四节 产业数字化转型

一、产业数字化转型的概述

(一)内涵与外延

数字经济已成为全球范围内产业转型升级的重要驱动力,也是我国"十四五"时期提升产业核心竞争力、实现经济高质量发展的必由之路。2016年,G20杭州峰会发布的《二十国集团数字经济发展与合作倡议》指出,数字经济是指以使用数字化的知识和信息作为关键生产要素、以现代信息网络作为重要载体、以信息通信技术的有效使用作为效率提升和经济结构优化的重要推动力的一系列经济活动。据中国信息通信研究院(以下简称"信通院")报告估算,2018年全球47个国家的数字经济规模超过30.2万亿美元,占全球GDP的40.3%。中国保持全球第二大数字经济体地位,规模达到4.73万亿美元。当前,在全球范围内,很多国家都制定了国家战略或者部门政策,构建了数字经济国家战略框架。数字化转型已成为发展数字经济的基本路径。未来数字化转型支出将保持高速增长。据国际信息技术咨询企业国际数据公司(IDC)之前的预测,2020年,全球整体ICT支出为4-5万亿美金,其中30%-40%都跟数字化转型相关。

不同国家和不同行业对数字化转型有不同的定义。美国的数字化转型主要是通过将虚拟网络与实体连接,形成更有效率的生产系统。软件和互联网经济发达的美国更侧重于在"软"服务方面推动新一轮工业革命,希望借助网络和数据的力量提升价值创造能力,保持制造业的长期竞争力。德国的数字经济战略集中体现在"工业4.0"的战略布局,其首要目标是借助智能工厂的标准化将制造业生产模式推广到国际市场,继续保持德国工业的世界领先地位。2016年,德国发布《数字化战略2025》,从国家战略层面确定迈向"数字德国"的10个行动领域,包括:构建千兆光纤网络;支持创业;建立投资和创新领域监管框架;在基础设施领域推进智能互联;加强数据安全,保障数据主权;促进中小企业商业模式数字化转型;落实"工业4.0";加强数字技术研发与创新;实现全阶段数字化教育；成立联邦数字机构。英国提出了《英国数字化战略》，主要包括连接性、技能与包容性、数字化部门、宏观经济、网络空间、数字化治理、数据经济七方面的战略任务。2019年，日本提出"社会5.0"，旨在通过人工智能、物联网和机器人等技术，以数据取代资本连接并驱动万物，将数字化渗透到经济、社会、生活各个层面，催生新价值和新服务，最终实现虚拟空间与现实空间的高度融合，实现"超智慧社会"。这是数字化转型的终极模式。

数字化转型是利用新一代信息技术，通过构建数据的采集、传输、存储、处理和反馈的闭环，打通不同层级与不同行业间的数据壁垒，促进供给侧提质增效，创造新产业、新业态、新商业模式，不断满足需求侧改善体验的新需求，形成全新的数字经济体系。数字化转型要求企业将信息技术集成到业务的所有领域，增强自身产品研发、流程和业务决策制定能力，从根本上改变经营方式和为客户创造价值的方式。产业数字化转型的贡献主要体现在两个方面：一是为传统产业带来存量增加，即凭借信息技术引发效率和产出的提升；二是为传统产业带来增量拓展，即在数字化背景下由新商业模式产生的业务拓展引发的产出增加。

产业数字化转型的内涵是围绕业务流程将大数据、云计算、人工智能、物联网、先进生产方法等前沿技术与生产业务相结合，打通不同层级与不同行业间的数据壁垒，使产业实现更高效的业务流程、更完善的客户体验、更广阔的价值创造，改变产业原有的商业模式、组织结构、管理模式、决策模式、供应链协同模式、创新模式等，推动垂直产业形态转变为扁平产业形态，打造出一种新兴的产业生态，实现产业协同发展，达到产业生产模式的转型与升级。

产业数字化转型的外延则更为广阔，包含支撑产业数字化转型所需的经济、社会体系等外部支撑环境全方位的转变。从经济维度而言，产业数字化转型将涵盖数字化背景下经济结构、创新体系、市场竞争方式、贸易规则的全面转变；从社会维度而言，产业数字化转型所需的社会治理模式、标准法规、就业模式、教育体系、可持续发展等一系列问题也在产业数字化转型的范畴之内。

(二)核心特征

1. 数据成为新的生产要素

美国政府认为，数据是"陆权、海权、空权之外的另一种国家核心资产"。数据已成为数字经济赋能实体经济的核心生产要素。数字化转型不仅仅是将新技术简单运用到生产过程中,更应该在转型过程中不断积累并形成数字资产,围绕数字资产构建数字世界的竞争力,为企业不断创造价值。大数据和云计算、人工智能、物联网的结合,有效实现了由数据到价值创造的有效转化。

2. 消费者需求成为商业模式的新动力

产业数字化转型驱动商业模式的智能化变革,传统产品驱动的商业模式被颠覆,生产端企业直接触及消费端用户,消费者需求或体验成为驱动企业生产的新动力,形成生产商、中间商、消费者的信息互联互通,为企业创新驱动提供新方向。

3. 快速、敏捷、开放成为产业运行新常态

数字化转型加速产业和企业运行效率,敏捷和 DevOps(开发运营)方法不仅在 IT 部门被采用,整个企业乃至产业各个环节都在数字化转型中实现快速迭代和自组织适应,同时数字化转型打破传统封闭的运营模式,基于大数据、物联网、移动化与云服务,企业与企业、行业与行业之间形成互联互通的开放产业生态。

4. "软件定义一切"成为产业价值创造的新抓手

在"软件定义数据中心"的基础上,随着数字技术在各个领域的广泛应用,基于应用需求驱动的软件功能创新成为数字化转型的重要抓手。通过软件定义网络、软件定义存储、软件定义计算、软件定义消费、软件定义知识,未来将达到软件定义一切的全新数字化阶段。

5. 成为产业数字化转型新范式

软件定义一切并不意味着所有企业都要自主研发软件,未来基于 XaaS,企业可以将精力集中于核心业务。XaaS 提高了任何通过互联网交付并以灵活的消费模型付费的服务,SaaS(软件即服务)、PaaS(平台即服务)和 IaaS(基础架构即服务)是 XaaS 系列中最知名的成员。随着产业数字化转型的深入,"即服务"的范畴随之拓展,出现了 MaaS(出行即服务)、DBaaS(数据库即服务)、SaaS(存储即服务)、DaaS(桌面即服务)、CaaS(通信即服务)等新成员。

二、推动产业数字化转型的对策与方法

(一)加快建设数字技术高效供给体系

要加快建设一批数字经济创新平台载体,提升技术创新尤其是原创技术以

及基础理论研究创新水平。培育建设一批优势特色学科和专业，加强人工智能、大数据、云计算等数字技术的基础研究。聚焦未来网络、边缘计算、泛在人工智能、泛在信息安全、无障感知互联、智能制造与机器人等重点领域，整合全球人才及平台资源优势，加快与全球顶级科研机构及人才团队合作，启动技术攻关，组织实施一批重大科技攻关专项和示范应用工程，推进数字技术原创性研发和融合性创新，力争在人工智能、集成电路、工业软件等领域取得若干原始性、标志性创新成果。充分发挥企业技术创新的主体作用，支持企业建设高水平的、具有行业影响力的企业技术中心，引导企业积极参与国家数字经济领域技术攻关、大科学工程、大科学装置建设以及国际国内标准制定。

(二)着力解决数字创新人才紧缺问题

一是明确数字创新人才的能力素质标准。在充分考虑企业对人才能力需求的基础上，对各级数字技能人才的专业能力以及业务运营、风险管控等跨界能力作出规定，推动数字专业技术人才与各传统行业的融合，并完善基于能力水平的数字技能人才职业化等级台阶设计，为数字技能人才指明成长路径。二是深化校企合作、政企合作，通过建设企业大学、企业培训基地等方式，鼓励高校根据市场人才需求，开设相应的培训课程，通过推动企业深度参与高校课程设置、教学设计、实训课程开发等方式，为培育既精通信息技术又熟悉经营管理的"数字工匠"夯实基础。三是激发行业协会、培训机构、咨询公司等第三方组织在数字技能人才培育中的作用，适度将资格评定、继续教育、国际交流合作等工作交给第三方专业组织承担，促进政府规制和行业规制有效结合的数字技能人才培育体系的形成。四是积极营造良好环境，探索高效灵活的人才引进、培养、使用、评价、激励和保障政策，优化人才引进和培养环境。

(三)强化传统产业数字化转型政策支持

优化政府服务，提高政策精准度，使政府真正成为传统产业数字化创新的"后台服务器"。要统筹研究制定推动传统产业数字化发展的政策意见及配套政策，整合财税、金融、人才、土地、要素等政策力量，全力推动传统产业数字化转型。财税支持方面，要强化财政专项资金统筹，引导各级财政资金加大对传统产业数字化转型的投入，加强对数字经济领域重大平台、重大项目及试点示范支持。探索成立传统产业数字化发展基金，推动各级政府产业基金按照市场化运作方式,与社会资本合作设立数字经济发展相关投资子基金。积极落实数字经济领域软件和集成电路税收支持政策、重大信息技术装备首台套(软件系统首用)政策等惠企举措,确保政策落地见效。人才要素方面,要完善人才激励机制,支持开展股权激励和科技成果转化奖励试点,鼓励相关企业采用期权、股权激励等方式吸引领军人才和团队。此外,加强传统产业数字化转型领域用地、用能、排放、创新等要素资源优化配置和重点保障。

(四)积极部署新一代信息基础设施

以5G、人工智能、工业互联网、物联网为代表的数字化设施正成为国家新型基础设施的重要组成部分。面对企业低时延、高可靠、广覆盖的工业网络需求,要加快5G、IPv6等新一代信息网络升级,加强工业互联网、云计算等新型信息基础设施布局,推动传统基础设施的智能化改造。一是要加快5G布局与商用步伐,统筹规划网络布局、基站建设,推进5G与工业互联网、大数据、人工智能深度融合,形成典型行业、企业的示范效应;二是加快IPv6在工业互联网领域的规模部署和应用,支持典型行业、重点工业企业开展工业互联网IPv6网络化改造,提升互联网的承载能力和服务水平;三是鼓励运营商为工业企业,特别是中小企业优化网络专线建设、简化接入手续,进一步降低资费水平。

总结

当前，数字化的浪潮席卷了各行各业，"大数据+流量驱动""互联网+数据驱动""人工智能+算法驱动""区块链+可信驱动""5G+效率驱动"等数字技术迅猛发展。数字技术的快速发展影响着数字经济的发展。"无数字，不经济"，数字技术与经济的融合发展已成行业共识。数字经济在世界范围内快速滋生蔓延，成为全球经济发展的新引擎。

2020年习近平主席在出席亚太经合组织第二十七次领导人非正式会议发表重要讲话时指出，数字经济将是全球未来的发展方向。《中华人民共和国国民经济和社会发展第十四个五年规划和2035年远景目标纲要》指出，迎接数字时代，激活数据要素潜能，推进网络强国建设，加快建设数字经济、数字社会、数字政府，以数字化转型整体驱动生产方式、生活方式和治理方式变革。为我国数字经济发展描绘了美好蓝图。

数字经济已经成了一种新兴的经济形态，它影响着人们的生产与生活，对生产生活的方式产生了重大影响。历史的发展证明，每一次科技革命都使经济与科技融合程度不断加深，助推经济培育新优势、发挥新作用、实现新跨越。

全球步入数字时代，数据成为全球经济最活跃要素，成为主要经济体竞争的前沿阵地。世界正加速从"网联"向"物联""数联""智联"不断跃迁，数字化转型为经济发展带来翻天覆地的变化，带来无限机会，为深入贯彻新发展理念，加快构建新发展格局，推动高质量发展提供了不竭动力，插上了强有力的翅膀。

统筹数字经济的发展与安全是本书的主基调，把控了数字经济的发展与安全，能助推数字经济健康发展，为高质量发展保驾护航。数字经济正逐渐成为全球经济增长的新动能，面临一系列挑战。数字经济面临的挑战，包括数字经济发展支撑不足、数字经济发展不均衡矛盾较为突出、数字安全风险与日俱增；

数字经济发展趋势,包括数字化消费的新模式层出不穷、数字化产业能力不断增强、数字技术和基础设施建设进入新一轮布局、数字经济国际秩序将进入大变局时代;如何应对数字经济发展面临的挑战,顺应数字经济发展的趋势,包括主动有为提升数字技能、强化数字经济国际话语权、夯实数字经济发展基础、加强数字经济安全保障。

在云计算、大数据、人工智能、物联网、5G 和区块链等数字技术不断发展的今天,中华文明正以更多的、前所未有的数字表达、承继与发展……当面对新事物、新科技时,我们不妨将自己以往学到的知识和经验"归零",排除杂念,全身心地接受、了解、学习、掌握数字技术和数字经济,紧跟时代步伐,持续充电、勤于思考、勇于实践。希望本书能够帮助各行各业的优秀人才了解数字经济的发展机遇,而且在为用好数字技术的同时,为数字经济的发展与安全提供一些解决思路,为实现国家加快发展数字经济,乃至社会进步贡献一份力量。

在新的经济形态下,我们要瞅准时机,抓住机会,坚持新发展的理念,在危机中育新机,在变局中开创新局面,推进数字经济的发展,同时还要关注数字经济发展的安全,不断深化供给侧结构性改革,推动经济的转型与升级,努力谱写新时代经济社会高质量发展的新篇章。

参考文献

[1]杨海,陈亮.信息安全保护在数字经济发展中的作用研究[J].电脑知识与技术,2022,18(23):21-22+25.

[2]郭倩.筑牢数字安全屏障护航数字经济发展[N].经济参考报,2022-08-03(007).

[3]崔吕萍.数字经济:发展是安全的前提,安全是发展的保障![N].人民政协报,2022-08-02(006).

[4]李凯迪.数字经济对服务贸易出口结构影响的实证研究[D].浙江大学,2022.

[5]董洋.数字经济背景下我国税收制度和征管的挑战与应对[D].云南财经大学,2022.

[6]万思琦.数字经济发展对产业发展的影响研究[D].云南财经大学,2022.

[7]庞丽敏.数字经济对城乡收入差距的影响研究[D].山西财经大学,2022.

[8]崔叶婷.数字经济发展对居民消费潜力的影响研究[D].山西财经大学,2022.

[9]任佳明.数字经济对高技术制造业高质量发展的影响研究[D].山西财经大学,2022.

[10]吴周易.数字经济发展对城市绿色创新的影响[D].江西财经大学,2022.

[11]储子焱.数字经济发展对我国就业结构影响研究[D].安徽财经大学,2022.

[12]白京羽,郭建民.把握推进数字经济健康发展"四梁八柱"做强做优做大我国数字经济[J].中国经贸导刊,2022(03):14-16.

[13]任保平,张陈璇.中国数字经济发展的安全风险预警与防范机制构建[J].贵州财经大学学报,2022(02):1-13.

[14]韩家旻.数字经济安全风险维度识别与评价指标体系构建[D].浙江大学,2022.

[15]余钧,范柏乃.数字经济发展亟须提升安全风险治理能力[J].浙江经济,2021(11):10-11.

[16]周鸿祎.保障数字化安全让数字经济发展行稳致远[J].数字经济,2021(Z2):67-69.

[17]刘西友.数字经济制度体系构建研究[D].中共中央党校,2021.

[18]邵春堡.数字经济发展与数字中国建设[J].企业观察家,2021(04):40-43.

[19]邵春堡.数字经济发展与数字中国建设[J].党政干部论坛,2021(03):9-12.

[20]徐晓阳.我国数字经济发展中安全风险成因与防范[J].中国集体经济,2021(05):16-17.

[21]任泳然.数字经济驱动下政务数据资产化与创新策略研究[D].江西财经大学,2020.

[22]张海丽.数字经济时代数据跨境流动安全规则研究[D].天津财经大学,2020.

[23]煜尧.构筑主动安全体系护航数字经济发展[J].互联网周刊,2019(21):38.